ÉLÉMENS

D'ÉCONOMIE

POLITIQUE.

M. Parisot s'est occupé de faire passer dans notre langue le
bel ouvrage de M. Mill (*Histoire de l'Inde*), avec tous les retran-
chemens, modifications et explications nécessaires pour mettre à
la portée de la masse des lecteurs français un livre où les vues les
plus profondes sur la politique et le commerce se trouvent mêlées à
des descriptions du plus vif intérêt.

ÉLÉMENS

D'ÉCONOMIE

POLITIQUE,

PAR J. MILL,

AUTEUR DE L'HISTOIRE DE L'INDE;

TRADUITS DE L'ANGLAIS

PAR J. T. PARISOT.

PARIS,

BOSSANGE FRÈRES, LIBRAIRES,

RUE DE SEINE, N° 12.

M. DCCC. XXIII.

PRÉFACE.

Il est peu de choses dont j'aie lieu d'aviser le lecteur, avant qu'il ne commence à parcourir cet ouvrage.

Mon but a été de composer un livre élémentaire d'économie politique, de dégager les principes essentiels de la science de toute notion étrangère, d'exposer les propositions clairement et dans leur ordre logique, et de joindre à chacune sa démonstration.

Je suis persuadé que, pour entendre toutes les parties de ce livre, il n'est besoin que de le lire avec attention ; je veux dire le degré d'attention que les personnes de l'un ou l'autre sexe, douées d'une intelligence ordinaire, sont capables d'apporter à quelque chose.

Ceux qui commencent à étudier une science doivent procéder lentement, et se familiariser avec les nouvelles combinaisons d'idées qui leur sont successivement présentées. S'ils passent à une proposition sans bien connaître celle qui la précède, ils éprouvent naturellement une difficulté ; mais uniquement parce qu'ils n'ont pas présente à la mémoire la vérité propre à la faire disparaître. Si ceux qui commencent l'étude des mathématiques se contentaient de lire et de saisir les démonstrations , ils arriveraient bientôt à des conséquences qu'ils ne pourraient comprendre , par cela seul qu'ils n'auraient pas , au moyen d'une étude fréquemment répétée, gravé dans leur mémoire les propositions dont ils seraient appelés à faire l'application.

Dans un ouvrage de cette nature, j'ai jugé convenable de ne citer aucune autorité , parce que je désire , par-dessus tout, que l'esprit du lecteur ne se fixe que sur les propositions et leurs preuves , sans aucun mélange de considérations étrangères. Je ne crains pas qu'on m'accuse de plagiat , parce que je déclare que je n'ai pas fait de découvertes ; et d'ailleurs la réputation des hommes qui ont contribué aux progrès de la science ne dépend point du témoignage que je rendrais de leur mérite.

ÉLÉMENS

D'ÉCONOMIE POLITIQUE.

INTRODUCTION.

EXPOSITION, ÉTENDUE ET DIVISION DU SUJET.

L'ÉCONOMIE politique est à l'état ce que l'*économie domestique* est à la famille.

La famille consomme ; mais, pour consommer, il faut qu'elle soit approvisionnée par la *production*.

L'économie domestique a donc deux grands objets en vue : la *consommation* et l'*approvisionnement* de la famille. La consommation

présentant toujours une quantité indéfinie ,
parce qu'il n'y a pas de bornes au désir des
jouissances, la grande affaire est d'augmenter
l'approvisionnement.

Les choses qui sont produites assez abondamment pour satisfaire aux besoins de tous ,
sans l'intervention du travail humain , comme
l'air , la lumière du soleil, et l'eau dans la plupart des contrées du globe , n'exigent ni soin ,
ni prévoyance , et par conséquent ne forment
pas , rigoureusement parlant , partie du sujet
de l'économie domestique. L'art de celui qui
gouverne une famille consiste à régler l'approvisionnement et la consommation des choses
qu'on ne peut obtenir sans *coût*, ou, en d'autres termes , sans travail humain , *prix d'achat
primitif de chaque chose.*

Ce qui précède s'applique à l'économie
politique. Elle a aussi deux grands objets :
la consommation de la société , et l'approvisionnement d'où dépend la consommation.
Quant aux choses qu'on se procure sans l'intervention du travail humain , comme il n'en
coûte rien pour les obtenir, il n'est pas nécessaire de les mettre en ligne de compte.

Si toutes les choses qu'on désire consommer avaient été dans ce cas, la science de l'économie politique n'aurait jamais existé. Il n'y a pas besoin de science pour avancer la main, saisir une chose, et en user. Mais lorsqu'on doit employer le travail, et que les objets que nous désirons ne sauraient être multipliés que par un plan d'opérations concerté à l'avance, il devient important de reconnaître par quels moyens ils peuvent être produits avec la plus grande facilité et en plus grande abondance ; et, ces découvertes une fois faites, d'en former un corps de règles habilement appliquées au but proposé.

On n'entend pas dire que les auteurs qui ont écrit sur l'économie politique aient toujours borné leurs recherches à cette classe d'objets. Il semble néanmoins important de dégager cette science de toutes les considérations qui ne sont pas entièrement de son essence. Nous dirons donc que, dans ce qui suit, nous n'avons uniquement en vue que de rechercher quelles sont les lois qui règlent la production et la consommation des objets tels que l'intervention du travail humain est nécessaire pour se les procurer.

Quoique la science de l'économie politique se divise de cette manière en deux grandes branches, celle qui concerne la *production* et celle qui regarde la *consommation*, il est évident qu'avant de pouvoir consommer les choses, elles demandent à être distribuées. Les lois de la *distribution* constituent donc une branche intermédiaire entre celle qui concerne la production et celle qui regarde la consommation. Lorsque les *richesses* * sont produites et distribuées, il est très-avantageux pour la reproduction et pour la consommation, que des portions de ces produits soient échangées les unes contre les autres. Rechercher quelles sont les lois suivant lesquelles les *produits* sont échangés entre eux, forme donc une autre enquête préliminaire à celle relative au grand objet de l'économie politique : la consommation.

---

* Voyez pour ce mot le *Catéchisme d'économie politique* de M. Say, pag. 1, 4, etc. En employant cette expression après M. Say, nous devons déclarer qu'elle ne nous paraît pas rendre parfaitement le mot générique anglais *commodities*, que nous serons forcé de traduire tantôt par celui de *produits*, le plus générique de tous ceux que nous employons, et tantôt par ceux de denrées, marchandises, articles, etc.

(*Note du Traducteur.*)

Cette science paraît ainsi comprendre quatre recherches principales :

1° Quelles sont les lois qui règlent la production des richesses ;

2° Quelles sont les lois selon lesquelles les richesses produites par le travail de la société sont distribuées ;

3° Quelles sont les lois selon lesquelles les richesses sont échangées les unes contre les autres ;

4° Quelles sont les lois qui règlent la consommation.

CHAPITRE PREMIER.

DE LA PRODUCTION.

La distinction entre ce qui est produit par le travail et ce qui l'est par la nature, est très-souvent peu claire. Nous croyons donc nécessaire de dire quelques mots pour fixer le sens des termes.

Le travail ne produit les effets désirés que de concert avec les lois de la nature. Il n'y a pas d'objet destiné à la consommation que le travail produise autrement qu'en coopérant avec les lois de la nature.

Il est reconnu que l'action de l'homme peut être ramenée à de très-simples élémens. Il ne peut, en effet, rien faire de plus que de produire du mouvement ; il peut mouvoir les choses pour les approcher ou les éloigner les unes des autres ; les propriétés de la matière font tout le reste. Il meut un fer rouge vers une portion de poudre à canon, et une explosion a lieu ; il met la semence dans la terre , et la végétation commence ; il sépare la plante de la terre , et la végétation cesse ; mais il ignore pourquoi et comment ces effets ont lieu. Il a seulement appris par expérience que s'il fait tels ou tels mouvemens , tels ou tels effets s'en suivront. Rigoureusement parlant , c'est la matière elle-même qui produit les effets. Tout ce que les hommes peuvent faire , c'est de placer les objets créés par la nature dans une certaine position. Le tailleur quand il fait un habit , le fermier lorsqu'il fait pousser du blé, font exactement les mêmes choses ; chacun d'eux fait des mouvemens , et les propriétés de la matière font le reste. Il serait absurde de demander auquel de deux effets quelconques les propriétés de la matière contribuent le plus : car elles contribuent à tout , lorsque certaines portions de matière sont placées dans une certaine position.

La plupart des objets que l'homme désire sont le résultat, non pas d'une seule opération, mais d'une série d'opérations exigeant un certain laps de temps. Une certaine quantité de nourriture , et de toutes autres choses qui , durant ce temps, sont employées par les hommes qui travaillent , est nécessaire à l'existence du travail. Ainsi, non-seulement le travail, mais encore les articles nécessaires pour l'entretien du travail, sont indispensables à la production.

Il arrive souvent que le travail est appliqué à certaines matières qui coûtent plus ou moins à se procurer. Le fabricant d'étoffes de laine doit avoir de la laine, le charpentier doit avoir du bois, le forgeron du fer, et les autres *producteurs*, chacun les matières brutes de l'objet particulier qu'il produit.

Le travail peut aussi, dans bien des cas, être très-puissamment secondé par l'emploi de certaines machines. L'homme qui grattait la terre avec ses ongles ou avec un bâton, a été considérablement aidé quand il a obtenu le secours d'une bêche, et l'homme qui labourait avec une bêche l'a été de même quand il a obtenu le secours d'une charrue. L'usage des instrumens a été porté beaucoup plus loin dans les opérations manufacturières que dans les opérations agricoles. La distance est immense entre le fuseau et la quenouille, et les machines compliquées et actives qui remplissent une manufacture moderne.

La nourriture et les autres articles consommés par les ouvriers, les matières brutes sur lesquelles ils opèrent, et les instrumens de toutes sortes qu'ils emploient pour faciliter leur travail, ont reçu la dénomination de *capital*. Il y a donc deux choses absolument nécessaires à la production, le *travail* et un *capital*.

Il arrive très-fréquemment que les personnes qui veulent prêter leur travail sont pauvres, et ne possèdent même pas assez de vivres pour se nourrir pendant la série d'opérations nécessaires pour finir l'objet qui les occupe. Plus rarement encore, elles possèdent quelques-unes de ces machines coûteuses qui contribuent, sur une grande échelle, à produire les richesses que les hommes désirent consommer.

Il en résulte une division des personnes qui concourent à la production, en deux classes, celle des *ouvriers* et celle des *capitalistes*. La première est la classe qui fournit le travail, l'autre celle qui fournit la nourriture, les matières brutes et les instrumens de toute sorte, animés ou inanimés, simples ou compliqués qu'on emploie à produire l'effet désiré.

Dans l'emploi du travail et des machines, on trouve souvent que les effets peuvent être augmentés par une distribution habile, c'est-à-dire en séparant toutes les opérations qui ont une tendance à se contrarier, et en réunissant toutes celles qui peuvent, de quelque manière que ce soit, se faciliter les unes les autres.

Comme en général les hommes ne peuvent exécuter beaucoup d'opérations différentes avec la même vitesse et la même dextérité qu'ils parviennent, par l'habitude, à en exécuter un petit nombre, il est toujours avantageux de limiter autant que possible le nombre d'opérations confiées à chaque individu.

Pour diviser le travail et distribuer les forces des hommes et des machines de la manière la plus avantageuse, il est nécessaire, dans une foule de cas, d'opérer sur une grande échelle, ou en d'autres termes de produire les richesses par grandes masses. C'est cet avantage qui donne naissance aux grandes manufactures

Un petit nombre de ces manufactures placées dans les positions les plus convenables, approvisionnent quelquefois non pas un seul, mais plusieurs pays, de la quantité qu'on y désire de l'objet qu'elles produisent.

CHAPITRE II.

DE LA DISTRIBUTION.

Nous avons déjà vu que deux classes d'individus sont employées à la production ; savoir, les ouvriers et les capitalistes. Chacune de ces classes de producteurs doit avoir sa part des richesses produites ; ou, ce qui revient au même, du bénéfice qu'on en retire. Quand la terre est un des instrumens de la production, une autre classe vient réclamer une portion ; nous voulons parler des *propriétaires fonciers*. Ces trois classes forment la totalité des individus qui partagent immédiatement, c'est-à-dire qui divisent entre eux la masse des produits annuels du pays.

Quand on a déterminé quels sont les individus entre lesquels la masse des produits se distribue, il reste à reconnaître par quelles lois s'établissent les proportions d'après lesquelles le partage se fait. Nous commencerons par

expliquer ce qui concerne la part des propriétaires fonciers, parce que c'est ce qu'il y a de
plus simple, et que cela facilitera l'explication
des lois qui fixent la part des ouvriers et celle
des capitalistes.

SECTION PREMIÈRE.

DU LOYER DES TERRES, AUTREMENT DIT RENTE FONCIÈRE.*

LA terre est de différens degrés de fertilité.
Il y a une espèce de terre qu'on peut regarder
comme ne produisant rien; celle, par exemple, qui couvre les parties élevées et pier-

---

* Les personnes qui ont lu la traduction faite par
M. Constancio des *Principes d'économie politique*, de
D. Ricardo, peuvent juger de la difficulté qu'on éprouve
à traduire le mot *rent*, dont se servent les Anglais pour
désigner ce qui revient annuellement au propriétaire foncier sur le produit de sa terre. Nous ne nous bornerons
pas à justifier le choix que nous avons fait du mot *loyer*,
en disant que M. Say s'en est servi, notamment dans son
Catéchisme d'économie politique, pag. 28 et 65 ; nous
expliquerons les motifs de la préférence accordée par nous
à ce mot de *loyer* sur celui de *fermage* adopté par M. Constancio, et qui, dans le langage ordinaire, répond exactement
au mot anglais *rent*. M. Say, dans l'ouvrage que nous venons
de citer, dit, pag. 123 : « Le propriétaire (en affermant sa
» terre) renonce au revenu variable qui peut résulter de
» l'action de sa terre suivant les saisons et les circonstances,
» pour recevoir en place un revenu fixe qui est le *fer-*

reuses des hautes montagnes, les sables mou-
vans et certains marécages. Entre cette terre
et celle de l'espèce la plus productive, il y a
des terres de tous les degrés intermédiaires de
fertilité. Les terres de la plus grande fertilité
ne donnent pas avec la même facilité tout ce
qu'elles sont capables de produire. Une pièce
de terre, par exemple, peut donner annuellement dix *quarters* * de blé ou deux et trois
fois autant. Elle donne au surplus les dix pre-

» *mage.* » C'est toujours de ce revenu variable que M. Mill
parle, et il suppose constamment que le partage des produits
de la terre se fait chaque année, au lieu de supposer l'existence d'un bail et d'un revenu fixe que le fermier paie au
propriétaire. Ce dernier cas, qui néanmoins est le plus général dans la pratique, il ne le regarde en théorie que comme
accidentel, et l'on verra plus loin qu'il considère le fermier,
pendant la durée de son bail, comme métamorphosé en
propriétaire pour ce qui, sur sa part du produit annuel,
excède son capital remboursé avec les intérêts ordinaires. Il
est donc clair qu'il ne s'agit pas dans ce livre de *fermage*,
mais bien d'une *rente foncière* variable, due au propriétaire
foncier pour le *loyer* de sa terre. Tels sont les motifs qui
nous ont engagé à nous servir de ces expressions, *loyer*
et *rente foncière*.

(Note du Traducteur.)

* Les mesures anglaises dont il est question dans le
courant de cet ouvrage, n'étant employées que comme termes

miers *quarters*, au moyen d'une certaine quantité de travail, les dix autres moyennant une quantité de travail plus grande, et ainsi de suite, chaque nouvelle dizaine de *quarters* exigeant pour sa production de plus grands frais que la dizaine précédente. Il est bien connu que c'est là la loi suivant laquelle on emploie un capital à obtenir un produit de plus en plus grand de la même portion de terre.

Jusqu'à ce que la totalité de la meilleure espèce de terre ait été soumise à la culture, et qu'on ait employé à la cultiver une certaine quotité de capital, tout le capital employé à la culture de la terre l'est avec un produit égal. Toutefois, lorsqu'on est arrivé à un certain point, aucune portion nouvelle de capital ne peut être appliquée à la même terre sans une diminution de produit. Dans tout pays, on ne peut donc, après qu'une certaine quan-

de comparaison, et pour donner aux raisonnemens une forme plus palpable, la connaissance de leur rapport exact avec les mesures françaises est tout-à-fait indifférente; nous le ferons néanmoins connaître pour la satisfaction des lecteurs. Le *quarter*, mesure de 8 boisseaux anglais, équivaut à 2 hectolitres 8 décalitres.

(*Note du Traducteur.*)

tité de blé a été obtenue de la terre, en obtenir une quantité plus considérable qu'à plus grands frais, proportion gardée. Si l'on en obtient une quantité additionnelle, le capital employé peut être divisé en deux portions, dont l'une a donné un produit plus faible que l'autre.

Lorsque la portion de capital donnant ce produit plus faible, est réclamée pour la culture de la terre, on peut l'employer de deux manières, soit à une terre du second degré de fertilité, mise pour la première fois en culture, soit à une terre du premier degré de fertilité, pour laquelle on a déjà employé tout le capital qui pouvait lui être appliqué sans une diminution de produit.

La question de savoir si l'on appliquera le capital à une terre du second degré de fertilité, ou en seconde portion à la terre du premier degré de fertilité, dépendra, dans chaque cas, de la nature et des qualités des deux terrains. Si le même capital qui produit seulement huit *quarters* de blé, lorsqu'on l'applique en seconde portion à la meilleure terre, en produit neuf appliqué à celle du second degré de fertilité, on l'appliquera à cette dernière, *et vice versâ.*

Pour plus de facilité à nous exprimer , appelons les terres du premier degré de fertilité, du second degré, etc., terres n° 1, n° 2, n° 3, et ainsi de suite. Appelons de même les différentes portions de capital appliquées successivement à la même terre avec un effet de moins en moins grand , 1re portion , 2e portion , 3e portion , etc.

Tant que la terre ne produit rien , elle ne vaut pas la peine qu'on se l'approprie. Tant qu'une partie seulement de la meilleure terre est demandée pour être mise en culture , tout ce qui n'est pas cultivé ne produit rien , c'est-à-dire rien qui ait quelque valeur. Cette dernière portion de terre demeure par conséquent sans propriétaire , et quiconque entreprend de la rendre productive peut en avoir la propriété.

Pendant ce temps la terre ne paie , exactement parlant, aucun loyer. Il y a , sans aucun doute , une différence entre la terre qui a été déjà cultivée et celle qui n'est pas encore défrichée. Plutôt que de défricher une terre neuve, un homme paiera annuellement, ou de toute autre manière, l'équivalent des frais de défrichement ; et il est évident qu'il ne paiera pas davantage. Ce n'est donc pas un paiement pour la puissance productive du sol, mais simplement pour le capital appliqué à ce sol ; ce n'est pas un loyer, mais un intérêt.

Le temps arrive, toutefois, où il est nécessaire soit d'avoir recours à une terre de la seconde qualité, soit d'appliquer une seconde portion de capital d'une manière moins productive, à une terre de la première qualité.

Si un homme cultive une terre de la seconde qualité, qui, au moyen d'une certaine portion de capital, ne produit que huit *quarters* de blé, tandis que la même portion de capital appliquée à une terre de la première qu aité lui en fait produire dix *quarters*, il n'y aura aucune différence pour lui de payer la valeur de deux *quarters* pour avoir la permission de cultiver la terre de première qualité, ou de cultiver celle de la seconde qualité sans rien payer. Il consentira donc à payer deux *quar-ters*, la permission de cultiver le sol de première qualité : ce paiement constitue ce qu'on nomme *loyer* ou *rente foncière.*

Supposons encore qu'au lieu de cultiver une terre de la seconde qualité, il est plus convenable d'appliquer une seconde portion de capital à une terre de la première qualité, et que, tandis qu'une première portion de capital produit dix *quarters*, une seconde portion égale à celle-ci, ne produit que huit *quarters ;* il est également sous-entendu, dans ce cas, ainsi que dans le premier, que comme il n'est plus possible d'employer une nouvelle portion de capital de manière à obtenir un produit aussi grand que les dix *quarters* supposés, il y a des personnes qui consentent à l'employer pour n'en obtenir qu'un produit de huit *quarters.* Mais s'il se trouve en effet des personnes ainsi disposées, les propriétaires de la terre peuvent faire un marché par lequel ils obtiendront tout ce que leur terre produira au delà de huit *quarters.* L'effet sur le loyer sera ainsi le même dans les deux cas.

Le loyer ou rente foncière augmente donc à proportion que l'effet du capital successivement appliqué à une terre diminue. Si la population est arrivée à un point où toutes les terres de la seconde qualité étant cultivées, il devient nécessaire d'avoir recours à des terres de la troisième, qui, au lieu de huit *quarters*, n'en donnent que six, il est évident, d'après la même manière de raisonner, que la terre de seconde qualité donnera alors un loyer équivalent à deux *quarters*, et que la terre de première qualité en donnera un plus fort de la valeur de deux *quarters*. Le cas sera exactement le même, si, au lieu d'avoir recours à une terre de moindre fertilité, on applique une seconde et une troisième portion de capital avec diminution de produit à une terre de première qualité.

Nous pouvons ainsi obtenir une expression générale du loyer. En appliquant un capital soit à des terres de divers degrés de fertilité, soit par portions successives à la même terre, quelques parties du capital ainsi employé donneront un plus grand produit que d'autres. Celles qui rendent le moins, rendent tout ce qui est nécessaire pour rembourser et récompenser le capitaliste. Le capitaliste ne recevra pas plus que cette juste rémunération pour toute autre partie du capital qu'il emploie, parce que la concurrence d'autres possesseurs de capitaux l'en empêchera. Le propriétaire foncier pourra donc exiger tout ce qui excédera cette rémunération. Le loyer est donc la différence entre le produit donné par la portion de capital appliquée à une terre avec le moins d'effet, et celui que donnent toutes les autres portions de capital appliquées avec un plus grand effet.

Prenons pour exemple les trois degrés cités plus haut de la production, par des terrains de même étendue, mais de qualité différente, de dix, huit et six *quarters* de blé, et nous verrons que le loyer est la différence entre six et huit *quarters*, pour la portion de capital qui ne produit que huit *quarters*, et la différence de six à dix *quarters* pour la portion qui produit dix *quarters*; et, si trois portions de capital rendant l'une dix, l'autre huit, et la dernière six *quarters*, sont appliquées à la même pièce de terre, son loyer sera quatre *quarters* pour la portion n° 1, et deux *quarters* pour la portion n° 2, faisant en tout six *quarters*.

Si ces conclusions sont bien appuyées, la doctrine du loyer est simple, et ses conséquences, comme nous le verrons ci-après, extrêmement importantes. Il n'y a qu'une objection qu'il semble possible de faire à cette doctrine. On peut dire qu'après que la terre est devenue la propriété de quelqu'un, il n'y en a aucune portion qui ne rende pas de loyer, aucun propriétaire n'étant disposé à abandonner l'usage de sa terre pour rien. Cette objection a été faite réellement; et il a été avancé que, même pour les parties les plus arides des montagnes d'Écosse, on paie un certain loyer.

Quand une objection est admise, elle affecte la conclusion d'une manière importante ou non importante. Si la chose alléguée dans l'objection, en la supposant même reconnue, laisse la conclusion vraie matériellement et dans tous ses résultats pratiques, l'objection doit être due à l'un quelconque de deux défauts dans l'esprit de celui qui l'avance; soit une confusion d'idées qui l'empêche de voir combien peu la chose qu'il allègue affecte la doctrine qu'il nie; soit une disposition à éluder de reconnaître la vérité de la doctrine en question, lors même qu'on ne peut rien trouver de solide à lui opposer.

La chose alléguée dans l'objection ci-dessus, lors même qu'on l'admettrait pour vraie, laisserait la conclusion intacte dans tous ses résultats pratiques; c'est ce qu'on ne peut manquer de reconnaître, aussitôt que les circonstances sont expliquées. On ne peut guère prétendre que le loyer payé pour les parties stériles des montagnes d'Écosse, soit autre chose qu'une bagatelle, une quantité infiniment petite et négligeable dans un calcul où il entre des sommes même très-modiques. Quand ce serait 20 livres sterling pour 1000 *acres* ★ , c'est-à-dire environ un *penny* (denier sterling) par *acre*, cette somme formerait une fraction si faible, comparée aux frais de culture qui ne sauraient s'élever à moins de plusieurs livres sterling par *acre*, que cela ne pourrait guère affecter la conclusion que nous avons cherché à établir.

Supposons, pour appuyer notre raisonnement, que la plus mauvaise espèce de terre mise en culture paie un *penny* par *acre*, le loyer, dans ce cas, serait la différence entre

★ *L'acre* de terre équivaut à quatre dixièmes d'hectare.
(*Note du Traducteur.*)

les produits résultans de différentes portions du capital, ainsi qu'on l'a dit plus haut, avec une seule modification ; savoir, qu'il faudrait compter un *penny* par *acre* de la plus mauvaise terre mise en culture. Certes, si notre conclusion est juste à cela près, elle ne saurait guère être fausse, en laissant de côté le *penny* en question ; le plus léger avantage que nous obtiendrions en simplifiant notre langage suffirait pour justifier cette omission.

Toutefois il n'est pas vrai que nos conclusions aient besoin d'une correction pareille, même pour l'exactitude métaphysique. Il y a des terres telles que les sables d'Arabie qui ne rendent rien ; on en trouve de tous les degrés intermédiaires entre celles-ci et celles de la plus grande fertilité. Il y a des terres qui, sans être absolument incapables de produire quelque chose d'utile à l'homme, ne sauraient être mises en état de donner des produits suffisans pour l'entretien des laboureurs nécessaires à leur culture. Ces terres ne peuvent jamais être cultivées. Il y en a d'autres dont le produit annuel suffirait tout juste pour payer le travail qu'exigerait leur culture. Ces terres sont tout juste en état d'être cultivées, mais sont évidemment incapables de payer de loyer. L'objection précitée est donc non-seulement insignifiante dans la pratique, mais même sans valeur métaphysiquement parlant.

On peut affirmer qu'il n'existe pas de pays d'une étendue un peu considérable où il n'y ait des terres hors d'état de payer un loyer, c'est-à-dire incapables de produire, au moyen du travail humain, plus qu'il ne serait nécessaire pour payer ce travail; que du moins il en soit ainsi dans notre pays (la Grande-Bretagne), c'est ce qui, très-probablement, ne sera pas contesté. Il y a des parties de nos montagnes où les bruyères et les mousses seules peuvent végéter. Lorsqu'on soutient que toutes les parties des montagnes d'Ecosse paient un loyer, on envisage mal l'état des choses. Il est seulement vrai qu'il n'y a pas un homme exploitant quelque partie que ce soit d'un domaine quelconque en Ecosse, qui ne paie un loyer. La raison en est que, même au sein des montagnes d'Ecosse, il y a, dans les vallées, des portions de terrain dont le produit est considérable. Il ne s'ensuit pas, parce que des centaines d'*acres* de terrain montagneux se trouvent comprises dans un même lot avec celui des vallées, que toutes les parties de la montagne paient un loyer; il est certain que beaucoup de ces parties n'en paient pas et ne peuvent pas en payer.

Là même, où la terre n'est pas absolument stérile, et présente quelque chose à paître aux plus hardis des animaux utiles (les chèvres), il n'y a pas lieu de dire que le paiement d'un loyer en est la conséquence nécessaire. Il est à propos de se rappeler que le bétail fait partie du capital, et qu'il faut que la terre rende assez, non-seulement pour fournir l'intérêt de cette portion du capital, mais encore pour payer la garde du bétail, ce qui, dans de tels endroits, et surtout pendant l'hiver, exige une portion de capital assez considérable. A moins que la terre ne produise suffisamment pour couvrir toutes ces dépenses, et quelque chose de plus, il est évident qu'elle ne peut payer de loyer.

Nous tenons pour certain que, dans la plus grande partie de notre île, on ne trouve guère de ferme un peu considérable, qui ne contienne des terres plus ou moins fertiles, depuis un haut degré ou un degré médiocre de ferti-

lité jusqu'à celle qui ne rend pas assez pour
payer un loyer. Comme de raison, nous n'exi-
geons pas qu'on admette cette assertion d'après
notre seule autorité ; nous en appelons à l'expérience des hommes qui ont le plus de connaissances sur le sujet dont il s'agit. Si l'état
des choses répond à notre assertion, il demeure
démontré que la dernière espèce de terre mise
en culture ne paie pas de loyer. Dans les fermes, comme celles dont nous venons de parler,
le fermier a fait un marché pour une certaine
somme avec le propriétaire foncier. Cette
somme a été naturellement calculée sur le produit de l'espèce de terre qui rend non-seulement un intérêt raisonnable pour le capital
employé à la cultiver, mais encore quelque
chose au delà. Comme le motif qui détermine
le fermier à cultiver repose entièrement sur
l'intérêt qu'il compte retirer pour son capital,
s'il y a dans sa ferme quelques portions de terre
qui rendent tout juste l'intérêt du capital, bien
qu'elles ne lui fournissent rien pour payer un
loyer, il trouve dans cette circonstance un motif suffisant pour les cultiver. Il n'est guère
possible de nier que parmi les espèces de terre
dont la fertilité diminue par degrés insensibles,
du premier jusqu'au dernier, on ne trouve en

général dans toutes les grandes fermes, une portion de terrain offrant ce degré particulier de fertilité dont nous venons de parler ; cela suffit pour porter à la cultiver.

Au surplus, notre conclusion peut être justifiée par les preuves les plus claires, sans égard à la question de savoir si toutes les espèces de terre paient ou ne paient pas un loyer. Nous avons vu que, pour la terre qui paie le plus fort loyer, le capital appliqué par portions successives ne donne pas des produits égaux. La première portion rend plus, probablement beaucoup plus que l'intérêt du capital ; la seconde peut encore rendre plus, et ainsi de suite. Si le loyer est exactement calculé, il doit être égal à tout ce qui est produit par les diverses portions de capital, en sus de l'intérêt de ce capital. Le cultivateur emploie, comme de raison, toutes les portions de capital pour lesquelles il est convenu de payer un loyer ; mais, immédiatement après celles - ci, vient une autre portion de capital, qui, bien qu'elle ne rende rien pour payer le loyer, peut rendre les profits du capital. C'est alors pour ces profits seuls que le fermier cultive. D'après

cela, tant que le capital appliqué à la culture
des terres de sa ferme lui rendra les profits
ordinaires, il y emploiera des portions de capital, s'il le peut. Nous concluons donc avec
assurance que, dans l'état naturel des choses,
même dans un pays agricole, il y a une portion du capital employé à la culture des terres
qui ne rend pas de loyer. Le loyer consiste
donc entièrement dans le produit donné par
les autres portions de capital, en sus des
profits qu'elles doivent procurer.

SECTION II.

DES SALAIRES.

La production est le résultat du travail ; mais le travail reçoit du capital les matières premières qu'il façonne, et les machines par lesquelles il est aidé dans cette opération, ou, plus rigoureusement parlant, ces articles sont le capital même.

L'ouvrier est quelquefois propriétaire de tout le capital que son travail exige. Le cordonnier et le tailleur ont quelquefois en propre, non-seulement les outils avec lesquels ils travaillent, mais même le cuir ou le drap qu'ils emploient. Dans tous les cas semblables, le produit appartient en totalité à l'homme par le travail duquel il a été obtenu.

Dans le plus grand nombre des cas, mais surtout lorsque la société est très-civilisée, l'ouvrier et le propriétaire du capital sont deux personnes différentes. L'ouvrier n'a ni matière première ni outils : ces objets lui sont fournis par le capitaliste. Celui-ci , en faisant cette avance , compte , comme de raison , sur une récompense. De même que l'objet confectionné par le cordonnier, quand il avait le capital en propre , lui appartenait en entier , et formait la totalité de sa récompense comme ouvrier et comme capitaliste ; dans le cas que nous venons de citer , le produit résultant du travail appartient en même temps à l'ouvrier et au capitaliste , et cè produit , ou sa valeur , doit être partagé entre eux. Leurs récompenses , ou indemnités respectives , doivent être prises sur le produit, et cès deux indemnités réunies égalent la valeur entière du produit.

Toutefois , au lieu d'attendre que les produits soient obtenus, et que la valeur en ait été réalisée, ce qui entraîne des délais et des incertitudes , on a trouvé qu'il était plus commode pour les ouvriers de recevoir leur part à l'avance. La forme sous laquelle on a trouvé plus convenable qu'ils la reçussent , est celle de *salaires*. Quand la part des produits qui revient à l'ouvrier a été reçue en entier par lui, sous forme de salaires, ces produits appartiennent exclusivement au capitaliste, puisqu'il a de fait acheté la part de l'ouvrier et la lui a payée d'avance.

§ I. *Le taux des salaires dépend de la proportion entre la population et l'emploi qu'elle peut se procurer, ou, en d'autres termes, entre la population et les capitaux.*

Nous voici arrivés à la question de savoir ce qui détermine la part de l'ouvrier, ou la proportion suivant laquelle les produits, ou leur valeur, sont partagés entre lui et le capitaliste. Quelle que soit la part de l'ouvrier, elle règle le taux des salaires, et réciproquement, c'est le taux des salaires qui règle la part des produits, ou de leur valeur, que l'ouvrier reçoit.

Il est très-évident que la fixation des parts entre l'ouvrier et le capitaliste, est l'objet d'un marché entre eux; mais quand il y a un marché, il n'est pas difficile de voir de quoi les conditions de ce marché doivent dépendre. Tous les marchés, lorsqu'on les fait librement, sont réglés par la concurrence, et les conditions changent selon que la proportion varie entre l'offre et la demande.

Commençons par supposer qu'il existe un certain nombre de capitalistes, possédant une certaine quantité de vivres, de matières premières et d'outils ou de machines ; qu'il existe aussi un certain nombre d'ouvriers, et que la proportion suivant laquelle les produits sont partagés entre ces deux classes de producteurs, se trouve fixée d'une manière quelconque.

Supposons ensuite que le nombre des ouvriers s'est accru d'une moitié, sans qu'il y ait eu aucun accroissement dans la masse des capitaux. Les choses nécessaires pour l'emploi du travail, c'est-à-dire les vivres, les outils et les matériaux, existent en même quantité qu'auparavant ; mais pour chaque centaine d'ouvriers, on en trouve alors cent cinquante. Il y a donc cinquante hommes qui sont en danger de demeurer sans ouvrage. Pour y remédier, ils n'ont qu'une ressource, c'est de chercher à supplanter ceux qui ont obtenu de l'emploi avant eux; c'est-à-dire qu'ils doivent offrir de travailler pour une moindre rétribution. Alors le taux des salaires baisse nécessairement.

Si nous supposons, d'un autre côté, que la masse des capitaux a augmenté, tandis que le nombre des ouvriers est demeuré le même, l'effet contraire doit avoir lieu. Les capitalistes possèdent une quantité plus grande de moyens de faire travailler, c'est-à-dire un surplus de capital dont ils désirent tirer des profits : pour cela il leur faut un surcroît d'ouvriers. Ces ouvriers sont tous employés par d'autres maîtres, et pour les attirer il n'y a qu'une ressource, c'est de leur offrir de plus forts salaires. Mais les maîtres pour lesquels ces ouvriers travaillent, se trouvent dans le même cas, et leur feront des offres encore plus élevées pour les engager à rester. Cette concurrence est inévitable, et son effet nécessaire est une augmentation du taux des salaires.

Il est donc évident que si la population augmente sans que la masse des capitaux s'accroisse , les salaires baissent ; et que si la masse des capitaux s'accroît sans que la population augmente , les salaires haussent. Il est évident aussi que si l'une et l'autre augmentent , mais dans une proportion différente , l'effet sera le même que si l'une n'avait pas augmenté et que l'autre eût reçu un accroissement égal à la différence. Supposons, par exemple , que la population se soit accrue d'un huitième, et la masse des capitaux d'un huitième également ; c'est la même chose que si elles étaient restées stationnaires, quant à l'effet qui en résulte à l'égard du travail. Mais supposons qu'en outre du huitième précité , la population se soit accrue d'un autre huitième ; dans ce cas l'effet sur le taux des salaires serait le même que si la masse des capitaux ne se fût pas accrue et que la population eût augmenté d'un huitième.

En général, nous pouvons donc affirmer, toutes autres choses demeurant dans le même état, que si le rapport qui existe entre la masse des capitaux et la population reste le même, le taux des salaires restera aussi le même ; si le rapport de la masse des capitaux à la population augmente, le taux des salaires s'élèvera ; si, au contraire, le rapport de la population à la masse des capitaux augmente, le taux des salaires baissera.

Cette loi une fois bien comprise, il est aisé de découvrir les circonstances qui, dans un pays quelconque, déterminent la condition de la grande masse du peuple. Si cette condition est aisée et *confortable*, il suffit, pour la maintenir telle, de faire en sorte que les capitaux augmentent aussi rapidement que la population, ou bien d'empêcher la population d'augmenter plus vite que les capitaux. Si la condition du peuple n'est pas telle que nous venons de le dire, on ne peut la rendre telle que de deux manières, soit en hâtant l'accroissement des capitaux, soit en retardant celui de la population ; c'est-à-dire en augmentant le rapport qui existe entre les moyens de faire travailler le peuple et le nombre d'individus qui composent ce peuple.

Si les capitaux avaient une tendance naturelle à s'accroître plus vite que la population, il n'y aurait pas de difficulté à maintenir le peuple dans une condition prospère. Si, au contraire, c'était la population qui eût une tendance naturelle à augmenter plus vite que la masse des capitaux, la difficulté serait très-grande ; les salaires auraient une tendance continuelle à baisser. La baisse des salaires produirait chez le peuple une pauvreté de plus en plus grande, accompagnée de ses suites inévitables, la misère et le vice. A mesure que la misère, fruit de la pauvreté, augmenterait, la mortalité augmenterait également. Le manque des choses nécessaires au bien-être ferait que, des nombreux enfans nés dans chaque famille, il ne s'en pourrait élever qu'une faible partie. Quelle que fût la proportion suivant laquelle la population tendrait à augmenter plus vite que les capitaux, les individus existans mourraient dans la même proportion : le rapport entre l'accroissement des capitaux et celui de la population demeurerait alors le même, et le taux des salaires cesserait de baisser.

Que la population ait une tendance à s'accroître plus rapidement que la masse des capitaux ne s'est accrue dans la plupart des pays, c'est ce qui est prouvé d'une manière incontestable par la condition de la population dans presque toutes les parties du globe.

Dans presque tous les pays, la condition de la grande·masse du peuple est misérable. La chose serait impossible si les capitaux s'étaient accrus plus rapidement que la population. Dans ce cas, les salaires se fussent nécessairement élevés, et auraient placé l'ouvrier dans un état bien au-dessus du besoin.

Cette misère générale de la race humaine est un fait qu'on ne peut expliquer qu'à l'aide d'une des deux suppositions suivantes : ou la population a une tendance à s'accroître plus rapidement que les capitaux, ou bien l'on a empêché par des moyens quelconques les capitaux de suivre la tendance qu'ils ont à s'accroître. Ces deux suppositions fournissent donc la matière d'une enquête de la plus haute importance.

§ II. *Preuve de la tendance de la population à s'accroître rapidement.*

La tendance naturelle de la population à augmenter peut se conclure de deux ordres de faits : ceux que présente la constitution physiologique de la femme, et ceux qu'of-

frent les tableaux de population publiés dans
différens pays.

Les faits qui tiennent à la constitution physiologique de la femme sont bien constatés, et
forment des bases certaines pour appuyer une
conclusion. On verra que les tableaux des naissances et décès publiés dans différens pays
sont, ou des suppositions sur la conformité
desquelles avec l'état réel des choses nous ne
pouvons pas compter, ou des exposés de faits
de telle nature qu'ils ne prouvent rien touchant les points en discussion.

On ne peut contester que le degré d'accroissement de l'espèce humaine ne dépende de la
constitution de la femme. Les faits qui sont
parfaitement constatés à cet égard, et les notions additionnelles que la physiologie et l'ana-
tomie comparée peuvent tirer de l'analogie de
quelques espèces d'animaux avec l'espèce humaine, fournissent des moyens très-satisfaisans
pour arriver à une conclusion sur ce sujet.

Les femelles d'animaux dont la durée et le
mode de gestation sont presque semblables à
ceux de la femme, et qui ne font qu'un petit

à la fois, peuvent, lorsqu'elles sont placées dans des circonstances favorables, donner une naissance par année, depuis le temps où la faculté de produire commence, jusqu'à celui où elle finit; déduction faite d'une année de temps à autre, ce qui, au bout du compte, fait très-peu sur la totalité.

L'allaitement d'un enfant, lorsqu'on le continue pendant plus de trois mois, tend à éloigner l'époque de la conception au delà de la période d'une année. C'est, il faut l'observer, la seule particularité physiologique qui donne lieu à trouver quelque différence dans la fréquence des naissances, en comparant la femme aux femelles des espèces d'animaux dont nous avons parlé.

Pour raisonner avec une exactitude rigoureuse, il faut tenir compte de cette particularité. Hé bien, faisons-le assez largement pour comprendre toutes les interruptions; disons qu'il est naturel à la femme de donner naissance à un enfant tous les deux ans. En Europe, la partie du monde à laquelle nous pouvons borner à présent nos observations, la période durant laquelle les femmes sont capables de faire des enfans s'étend depuis seize ou dix-sept ans jusqu'à quarante - cinq. Faisons une nouvelle concession, et disons que cette période ne s'étend que depuis vingt ans jusqu'à quarante. Elle contient alors, au taux très - diminué d'une naissance tous les deux ans, du temps pour dix naissances; nombre qu'on peut regarder comme naturel à la femme.

Dans des circonstances favorables, la mortalité est très-faible parmi les enfans. Elle est inévitable parmi les enfans des gens très-pauvres, par le manque des choses nécessaires au maintien de la santé. Parmi les enfans des personnes aisées, qui connaissent et pratiquent les règles d'une bonne hygiène, la mortalité est faible ; et il n'y a pas de doute qu'en suivant des méthodes mieux entendues pour régler la nourriture, l'habillement, les promenades , les exercices corporels et l'éducation des enfans, cette mortalité même serait considérablement diminuée.

Nous pouvons donc conclure que, dans les circonstances les plus favorables, dix naissances sont le terme moyen de la fécondité chez les femmes, et que du nombre des enfans nés dans cette proportion , il ne devrait mourir qu'une très-petite fraction avant l'âge de raison. Pour les cas accidentels de stérilité, et pour cette faible mortalité, allouons beaucoup au delà de ce qui est nécessaire , une déduction de la moitié des naissances , et disons que tout couple d'humains unis de bonne heure, pouvant se procurer abondamment toutes les choses nécessaires au bien-être physique , exempts de la nécessité de se livrer à un travail excessif, et assez intelligens pour faire usage de leurs ressources, de manière à prévenir les maladies et la mortalité parmi eux et leur famille, élevera cinq enfans. S'il en est réellement ainsi , il devient superflu de se livrer à des calculs rigoureux pour prouver que la population serait doublée au bout d'un petit nombre d'années ; la chose est évidente au premier aspect.

Pour combattre une conclusion aussi bien fondée que celle-ci, on a eu recours à certaines tables de population, principalement des naissances et des décès , publiées dans différens pays. Les raisonnemens déduits de ces tables éludent le point en discussion. Je ne connais pas de tables , en leur accordant même un mérite qu'elles n'ont jamais, celui de l'exactitude, qui indiquent autre chose que le simple fait touchant l'accroissement de la population. Elles montrent, ou sont censées montrer, si une population augmente ou non, et, si elle augmente, dans quelle proportion. Mais quand il paraîtrait, d'après ces tables, que la population de chaque pays du monde est stationnaire, nul homme susceptible de raisonner n'en conclurait que la race humaine est incapable de s'accroître. Tout le monde sait que dans la plupart des pays la population est stationnaire ou à peu près telle ; mais qu'est-ce que cela prouve, si l'on ne nous fait pas connaître quelles causes l'empêchent d'augmenter ? Nous savons bien qu'il existe deux choses qui peuvent l'empêcher d'augmenter, quelque forte que soit sa tendance naturelle à s'accroître. L'une est la pauvreté, dont l'effet est tel que, quelque grande que soit la quantité d'individus qui naissent dans cet état, tous, à l'exception d'un certain nombre, subissent une mort prématurée. L'autre cause est la prudence qui fait ou qu'il se contracte peu de mariages, ou bien qu'on prend soin que les enfans, fruits de ces unions, ne dépassent pas un certain nombre. Il est inutile de nous apprendre que la population reçoit peu ou point d'accroissemens dans certains pays, si l'on ne nous fait pas connaître en même temps d'une manière précise, jusqu'à quel point la pauvreté, la prudence ou d'autres causes agissent pour empêcher cet accroissement.

En disant donc que la population a une telle tendance à s'accroître qu'elle pourrait doubler en un petit nombre d'années, nous émettons une proposition appuyée sur les plus fortes preuves, et rien qui mérite le nom de preuve, n'a été avancé pour la combattre.

§ III. *Preuve d'une moindre tendance des capitaux à s'accroître rapidement.*

Nous avons maintenant à considérer la tendance que les capitaux peuvent avoir à s'accroître. Si les capitaux augmentaient aussi rapidement que la population, pour chaque nouvel ouvrier produit, les moyens de le nourrir et de l'employer se trouveraient produits en même temps, et il ne s'ensuivrait aucune diminution dans le bien-être de la grande masse du peuple.

Dès qu'on a compris de quelle source tout accroissement de capital doit provenir, on ne peut plus conserver l'opinion de son accroissement rapide. Tout accroissement de capital provient d'épargnes. C'est une proposition qui exclut toute exception ; la preuve de plus en est si claire, qu'elle n'a guère besoin d'être exposée. Tout capital est naturellement le résultat de la production ; c'est une portion du produit annuel de la terre et du travail graduellement accumulé. Pour qu'une portion quelconque du produit annuel soit mise de côté, afin d'être employée comme capital, il faut que celui à qui elle appartient se prive de la consommer ; car ce qui est anéanti ne saurait former un capital. Tout capital est donc formé de la portion du produit annuel qu'on a épargnée, au lieu de la destiner à la consommation.

Maintenant, bien qu'on trouve que, là où les propriétés sont garanties, il existe chez l'homme une grande disposition à économiser ; disposition suffisante pour imprimer un mouvement progressif aux capitaux, lorsque le gouvernement n'ouvre pas de larges voies à la consommation, et que les difficultés qu'éprouve la production ne sont pas très-grandes, cette disposition a été néanmoins assez faible, dans presque toutes les situations où les êtres humains se sont trouvés placés jusqu'à présent, pour rendre la progression lente.

Il continuera d'en être ainsi, c'est ce qui semble assuré d'après les principes les mieux établis touchant la nature humaine.

Le produit annuel est toujours distribué de telle manière que de deux choses l'une, ou la grande masse du peuple est abondamment pourvue de tout ce qui est nécessaire pour la faire subsister et lui procurer des jouissances, et alors une plus petite portion du produit annuel va grossir les revenus des riches ; ou bien la grande masse du peuple est réduite au strict nécessaire, et il y a naturellement une classe dont les revenus sont considérables. La situation de toute société approche de l'un ou l'autre de ces deux cas. Examinons les motifs qui peuvent alors porter à épargner.

Dans le cas où il y a une classe nombreuse réduite au strict nécessaire et une classe de riches, il est évident que la première n'a pas

le moyen de faire d'épargnes, la considération
de ses motifs devient donc superflue. Il est bien
connu qu'une classe de riches placée au milieu
d'une masse de pauvres n'est pas disposée à économiser. La possession d'une grande fortune
aiguise généralement l'appétit pour les jouissances immédiates ; et l'homme déjà maître
d'une fortune qui lui procure toutes les jouissances que la fortune peut procurer, n'est
guère porté à économiser. Pourquoi se prive-
rait-il d'une jouissance présente, pour accumuler, ce dont l'emploi est si insignifiant pour
lui ? Cette influence même exercée par le riche
sur les opinions des autres, la seule chose que
donnent les richesses plus que modiques, est à
un certain degré de fortune, assez considérable, sinon pour satisfaire l'esprit de la plupart des hommes, du moins pour rendre le
désir d'amasser incapable de contre-balancer
celui plus puissant des jouissances immédiates.
Dans un tel état de la société, tout accroissement rapide des capitaux peut être regardé
comme moralement impossible.

Examinons maintenant l'état de la société
dans lequel une partie considérable du produit
annuel est distribué parmi la grande masse du

peuple. Dans cet état, ni la classe qui travaille, ni celle qui vit sans travailler n'ont de motifs puissans pour économiser.

Lorsqu'un homme possède (ce que nous supposons être possédé aujourd'hui par la grande masse du peuple) la nourriture, le vêtement, le logement, et toutes les autres choses suffisantes pour rendre l'existence non-seulement commode, mais même agréable, il possède les moyens de se procurer toutes les jouissances réelles de la vie humaine : le reste est en grande partie imaginaire. Les plaisirs qu'il peut ajouter à ceux dont il jouit déjà ne sont, comparativement à ceux-ci, ni bien nom-breux, ni bien vifs. L'expérience que nous avons des lois de la nature humaine, nous dé-fend de supposer qu'une portion considérable de la race humaine, environnée des tentations qu'excitent des jouissances présentes, aban-donnera une grande partie des plaisirs les plus réels de la vie, pour accumuler les moyens de se procurer à une époque éloignée quelques plai-sirs imaginaires. Il y a deux classes d'hommes, les uns chez qui la puissance du raisonnement est forte, et qui sont capables de résister à un plaisir présent pour en obtenir un plus grand par la suite ; les autres chez qui la raison est faible, et qui peuvent rarement résister aux attraits d'une jouissance immédiate. Ce n'est pas, naturellement, dans la dernière classe qu'on peut s'attendre à trouver de la disposition à économiser. D'un autre côté, les hommes chez qui la raison est assez forte pour qu'ils puissent se former une idée juste des plaisirs, ne manqueront pas d'apercevoir que ceux qu'ils peuvent obtenir en entassant denier sur denier, après que tous les désirs raisonnables sont satisfaits, n'égalent pas les plaisirs auxquels, dans les circonstances que nous avons supposées, ils doivent renoncer pour y parvenir. Dans de telles circonstances, les principes supérieurs et inférieurs de notre nature s'opposent à l'accumulation ; elle ne peut donc avoir lieu. L'amour du repos lui-même, l'un des principes les plus puissans par lesquels nous sommes mus, est ici l'ennemi décidé de l'accumulation ; en effet, si un homme consent à se dispenser d'user d'une certaine portion des choses utiles ou agréables qu'il pourrait se procurer avec les fruits de son travail, il peut, dans la même proportion, se dispenser de travailler, et s'abandonner à toutes les douceurs du repos. Quant à l'influence que donne la possession des richesses sur l'opinion des autres hommes, il n'est pas nécessaire d'en parler, parce que tout ce que les épargnes d'un ouvrier pourraient lui en procurer, n'offre pas une perspective assez brillante pour agir comme un puissant véhicule.

En voilà assez de dit sur la force du véhicule qui, dans les circonstances supposées, peut agir sur la classe ouvrière. Ce qui reste du produit annuel, après qu'on en a déduit la part de cette classe, est distribué, soit par grandes portions à un petit nombre d'hommes très-riches, soit par petites portions à un grand nombre d'hommes d'une fortune médiocre.

Nous avons déjà examiné quels peuvent être les motifs pour accumuler, là où il existe de grandes fortunes, et nous avons vu que ces motifs ne sont jamais de nature à produire de très-grands effets. Nous devons maintenant examiner quel motif il y a pour accumuler, dans une société qui présente un grand nombre de fortunes médiocres et point de fortunes considérables. En ce qui concerne les jouissances physiques, les fortunes médiocres procurent tout ce que les plus grandes fortunes peuvent procurer. Il n'y a donc, dans cet état de choses, que deux motifs qui puissent contre-balancer le

penchant toujours si fort qu'on a pour les jouissances immédiates ; savoir , le désir d'exercer
une influence sur l'opinion des autres hommes,
ou celui de faire un sort à ses enfans.

La société , dans un tel état, ne présente que
deux classes d'individus : des personnes jouis-
sant d'une fortune indépendante du travail de
leurs bras, mais médiocre, et un corps de laboureurs et d'artisans bien payés.

Maîtres d'une fortune suffisante pour leur
assurer une entière indépendance , leur procurer toutes les jouissances physiques , et leur
permettre même de déployer de la recherche ,
du goût et de l'élégance , les individus de la
première classe, qui forment la portion pré-
pondérante de la société , celle qui en règle
le ton, les opinions et les amusemens, ne sont
pas dans la position d'hommes dont l'imagina-
tion est susceptible de se laisser éblouir par
l'éclat des grandes richesses, et sont probablement peu disposés à témoigner une vénération
remarquable pour ceux qui les possèdent. Les
gens de la classe ouvrière sont rampans et
serviles, là où le courroux de l'homme riche
est terrible, et ses petites faveurs importantes :

mais lorsqu'ils sont placés dans une situation qui leur donne tout le sentiment de leur indépendance, et qui leur permet de cultiver leur esprit, ils se laissent peu imposer par le faste des hommes riches. Cet état de la société est donc tel que la possession de grandes richesses ne donne guère d'influence sur les opinions des autres hommes, et par conséquent il ne peut offrir de puissans motifs pour économiser.

Quant au désir de faire un sort à ses enfans, si un homme ne désire pour lui-même rien de plus qu'une fortune médiocre, il ne doit guère être porté à désirer davantage pour ses enfans. La fortune qu'il désire pour eux ne saurait donc être plus considérable qu'il ne faut pour les placer dans la situation où il est lui-même. Il sera jaloux de leur procurer, pour commencer leur carrière avec avantage, les moyens qu'il a eus, ou qu'il aurait désiré avoir en commençant la sienne. Porté jusqu'à ce point seulement, le désir de pourvoir ses enfans devrait être assez général, et assurerait un léger accroissement de capitaux. Cet état de la société pourrait donc être considéré comme le plus favorable à l'accumulation, sauf les cas où des hommes, possédant toutes les connaissances et toute la puissance de la vie civilisée, sont transportés dans un pays entièrement, ou presque entièrement inhabité, et ont la faculté de cultiver sans restriction les espèces de terre les plus productives. Ce sont des incidens si extraordinaires et si rares, qu'en recherchant les lois générales qui régissent les sociétés humaines, il suffit de montrer qu'on ne les a pas oubliés.

Tels sont les faibles effets qu'on peut attendre des motifs qui portent à accumuler. Mais la preuve de la tendance qu'a la population à augmenter plus rapidement que les capitaux, ne repose pas sur ce fondement, tout solide qu'il est. La tendance de la population à s'accroître, quelle qu'elle puisse être, grande ou petite, est, dans tous les cas, uniforme. Quel que soit le taux suivant lequel elle s'est accrue à une certaine époque, on peut compter qu'elle s'accroîtra dans la même proportion, à toute autre époque, si elle se trouve placée dans des circonstances également favorables. Le cas à l'égard des capitaux est contraire. A mesure que les capitaux augmentent, la difficulté de les augmenter devient de plus en plus grande, jusqu'à ce qu'enfin tout accroissement devienne impossible. L'évidence de cette proposition résulte immédiatement de la loi, antérieurement expliquée, suivant laquelle le capital s'applique à l'agriculture.

Si, après que la terre de la première qualité a été épuisée, on applique un capital à une terre neuve d'une qualité inférieure, ou par portions successives, avec des produits moindres, à la même terre, les produits diminuent à chaque nouvelle application de capital. Mais si l'intérêt du capital diminue successivement, le fonds annuel, sur lequel on faisait des épargnes, diminue aussi dans la même proportion; la difficulté de faire des épargnes augmente ainsi continuellement, et à la fin il devient tout-à-fait impossible d'en faire.

Il est donc suffisamment démontré que la population a une tendance à s'accroître plus rapidement que les capitaux. Ce principe une fois établi, il n'est nullement important pour l'objet actuel de rechercher quelle est la rapidité de cet accroissement. Quelque lent que puisse être l'accroissement de la population, pourvu que celui des capitaux soit plus lent

encore, les salaires baisseront à un tel point,
qu'une portion de la population mourra régulièrement de misère ; et cette terrible conséquence ne peut être évitée qu'en trouvant des
moyens d'empêcher l'accroissement des capitaux de rester en arrière de celui de la population.

§ IV. *Les moyens qu'on emploierait pour forcer
les capitaux à augmenter plus vite qu'ils
n'ont de tendance naturelle à le faire, ne
produiraient pas d'effets avantageux.*

Il y a deux modes suivant lesquels on peut
employer des moyens artificiels pour faire que
la population et les capitaux marchent de pair.
On peut chercher des expédiens, soit pour diminuer la tendance de la population à s'accroître, soit pour accélérer le mouvement naturel qui opère l'accroissement des capitaux.

Les principaux moyens, à l'aide desquels les
législatures ont en leur pouvoir de changer le
cours des actions humaines, sont les châtimens
et les récompenses. Les uns ni les autres ne
sont guère propres à arrêter la tendance de

l'espèce humaine à croître et multiplier. Supposons qu'on proposât une loi infligeant une peine au père et à la mère d'un enfant né à une époque où ils n'ont pas les moyens de l'élever; il ne serait pas facile de trouver un mode de punition proportionné au délit qui ne répandît à peu près autant d'inquiétude dans la société, que la chose à laquelle il serait destiné à remédier; il ne serait pas non plus très-aisé de déterminer en quoi consistent les moyens d'élever un, deux, trois ou un plus grand nombre d'enfans. Accorder des récompenses aux individus qui n'auraient pas eu d'enfans, et le faire de manière à influer utilement sur le mouvement de la population, serait encore plus difficile.

La législation, dans les cas non soumis à son action directe, peut quelquefois produire de grands effets par une action indirecte. Lors, par exemple, que la satisfaction d'un désir a lieu d'une manière nuisible, et qu'il ne peut être facilement réprimé par des châtimens ni des récompenses, la législation l'amène quelquefois à se satisfaire d'une manière moins nuisible, ou lui donne une direction innocente. Si les législatures ont pris des mesures pour stimuler l'accroissement de la population (ce que très-souvent elles ont fait, quelquefois par des moyens directs, plus fréquemment par des moyens indirects), une législation aussi pernicieuse demande à être corrigée.

La puissante influence de la sanction populaire pourrait, dans ce cas, ainsi que dans plusieurs autres, être employée avec un grand avantage. Il suffirait peut-être que le blâme public pesât de toute sa force sur les hommes qui, par leur imprévoyance, et en se créant une nombreuse famille, sont tombés dans la pauvreté et la dépendance, et que l'approbation publique devînt la récompense de ceux qui par une sage réserve se sont garantis de la misère et de la dégradation.

Le résultat auquel on doit viser, est d'assurer à la grande masse du peuple tout le bonheur que l'union matrimoniale est capable de procurer, en prévenant les maux que l'accroissement trop rapide de la population amène avec lui. Il y a lieu d'espérer que les progrès de la législation, ceux de l'éducation du peuple, et le déclin de la superstition accompliront la tâche difficile de concilier ces importans objets.

Tels sont les modes suivant lesquels la législation peut diminuer la tendance de la population à s'accroître. Il reste à rechercher par quel moyen elle peut augmenter cette tendance à l'égard des capitaux. Ces moyens sont également directs et indirects. Comme la législature, si elle est habile, a une grande influence sur les goûts de la nation, elle peut mettre la frugalité à la mode, et rendre la prodigalité déshonorante. La législature peut aussi opérer cette division de propriétés que l'expérience nous montre comme la plus favorable pour faire des épargnes; mais nous avons vu que même dans cette situation de la société, les motifs qui peuvent porter à économiser, ne produisent pas un grand effet. Dans plusieurs pays on a adopté des lois somptuaires. De cette manière, la législature a agi directement pour augmenter la somme des épargnes. Toutefois il ne serait pas facile de faire des lois somptuaires dont l'effet fût très-grand, sans une intervention minutieuse et vexatoire dans les affaires les plus simples de la vie domestique.

Il y a certainement une méthode au moyen de laquelle la législature pourrait produire de grands effets sur l'accumulation des capitaux ;

elle pourrait prendre telle portion qu'il lui plairait du produit net de l'année, et le convertir en capital. Nous avons donc uniquement à rechercher de quelle manière cette opération pourrait se pratiquer et quel effet elle produirait.

Le moyen de prendre telle portion du produit annuel qu'on jugerait à propos est tout simple. Une taxe sur les revenus, établie à un taux convenable, remplirait parfaitement ce but.

La législature pourrait employer le capital qu'elle aurait créé de la sorte, de deux manières ; elle pourrait le prêter à des personnes qui l'emploieraient, ou elle pourrait s'en réserver l'emploi.

La méthode la plus simple serait peut-être de le prêter aux manufacturiers et capitalistes qui le demanderaient et qui pourraient donner des garanties pour le remboursement. L'intérêt de ce qui serait prêté de la sorte une année, pourrait être employé comme capital l'année suivante. Chaque portion annuelle formerait ainsi un intérêt composé et si l'intérêt se maintenait

à un taux raisonnablement élevé, elle se double-
rait en très-peu de temps. Si les salaires parais-
saient tendre à baisser, il serait à propos d'élever la taxe sur les revenus. Si au contraire, les
salaires haussaient plus qu'il ne semblerait nécessaire pour rendre la condition de l'ouvrier
aussi avantageuse qu'il serait désirable , la taxe
sur les revenus pourrait être réduite.

Sans perdre du temps à rechercher si un système capable de produire ces effets, est ou n'est
pas praticable, nous pouvons passer à une
autre considération qui semble faite pour dé-
cider de l'utilité du plan.

En conséquence de la progression que nous
avons supposée plus haut, l'accroissement de
la population serait rapide. On verrait croître
aussi rapidement la nécessité d'appliquer les
capitaux à des terres de moins en moins bonne
qualité , ou par portions successives à la même
terre avec des produits de plus en plus faibles.

A mesure que les capitaux rendraient moins
annuellement , les capitalistes auraient un revenu moindre. Au bout d'un certain laps de
temps, l'intérêt du capital serait tellement ré-

duit que les propriétaires de grandes masses
de capitaux pourraient seuls en tirer des moyens
d'existence ; cet état de choses est le dernier
terme vers lequel tend bien certainement l'exécution du plan dont il s'agit, en ne le supposant pas inexécutable.

Il reste à rechercher jusqu'à quel point on
peut considérer ces effets comme bons.

Supposons que le taux des salaires demeure
le même. Tous les individus qui ne vivent pas
du fruit de leur travail, vivent ou de l'intérêt d'un capital ou du loyer d'une terre. L'é-
tat des choses, dans le cas supposé, tend, ainsi
que nous l'avons vu, à appauvrir les personnes
qui vivent de l'intérêt d'un capital ; il tend au
contraire à augmenter le loyer des terres.
Ainsi, à l'exception des propriétaires fonciers,
tout le reste de la société, ouvriers et capitalistes, seraient presque également pauvres.
Chaque fois qu'il y aurait des terres à vendre,
on donnerait pour les acquérir de grandes
portions de capital ; personne ne pourrait
donc en acheter qu'une quantité très-limitée.

Dans cet état de choses, ou les ventes de

terre seraient fréquentes, ou elles seraient rares. Il est à propos d'examiner quels effets auraient lieu dans l'un et l'autre cas.

Si les ventes étaient fréquentes, comme il en est des terres de même que des autres propriétés qui, par leur nature, changent continuellement de mains, les terres finiraient par se trouver divisées en très-petites portions, couvertes d'une population nombreuse, dont aucune partie ne se trouverait dans une condition beaucoup meilleure que celle de l'ouvrier. Un tel état de choses est-il désirable par lui-même, ou bien est-il précédé ou suivi d'un état de choses désirable ?

Lorsqu'il arrive quelqu'un de ces accidens qui font que le produit annuel se trouve réduit, pour une ou plusieurs années, beaucoup au-dessous du taux ordinaire, dans un pays où une portion considérable du peuple a de plus forts revenus que les individus vivant de salaires, de grandes économies peuvent être faites sur les dépenses de la première de ces deux classes pour mitiger les effets de ce déficit. Dans un pays où tout le peuple serait réduit à vivre de salaires, toute diminution du produit annuel répandrait une calamité générale et irremediable.

Tous les avantages qui dérivent de ce précieux attribut de notre nature, caractère distinctif de l'espèce humaine, la perfectibilité, ou le pouvoir d'avancer continuellement d'un degré de science et de bonheur à un autre plus grand, paraît en grande partie dépendre de l'existence d'une classe d'hommes qui sont maîtres de leur temps, c'est-à-dire, qui sont assez riches pour être exempts de toute sollicitude à l'égard des moyens de vivre dans un certain état de jouissance. C'est par cette classe d'hommes que le domaine des sciences est cultivé et s'agrandit; ce sont aussi ces hommes qui répandent les lumières; leurs enfans reçoivent la meilleure éducation, et se préparent à remplir toutes les fonctions les plus importantes et les plus délicates de la société; ils deviennent législateurs, juges, administrateurs, instituteurs, inventeurs dans tous les arts, et directeurs de tous les grands et utiles travaux par lesquels la domination de l'espèce humaine s'étend sur les forces de la nature.

Il est encore spécialement du devoir de

ceux qui ont en vue de découvrir les moyens de porter le bonheur humain à son plus haut degré, d'examiner quelle est la classe d'hommes qui jouit du plus grand bonheur. On ne contestera probablement pas que ce ne soit celle des hommes qui se trouvent placés au-dessus de toute inquiétude relativement aux moyens de vivre honorablement, sans être exposés aux vices et aux folies, fruits trop ordinaires des grandes richesses, en un mot celle des hommes qui jouissent d'une moyenne fortune, et auxquels la société est généralement redevable de ses plus grands progrès. En effet, ces hommes, maîtres de leur temps, exempts de la nécessité de se livrer à un travail manuel, n'étant soumis à l'autorité de personne, et se livrant aux plus agréables occupations, obtiennent nécessairement la plus grande somme de jouissances réservée à l'espèce humaine. Il est donc particulièrement désirable, tant pour le bonheur que pour l'ornement de notre espèce, qu'une telle classe forme la plus grande partie possible de toute société. Pour cela, il est absolument nécessaire que la population ne se trouve pas, par l'effet d'une accumulation forcée de capitaux, arrivée au point où l'intérêt du capital appliqué à la terre est très-faible. Pour mettre une portion considérable de la société à même de jouir des avantages que procure le loisir, il est évident que l'intérêt des capitaux doit être fort. Il y a une certaine quotité de population qui convient à la fois pour les relations sociales, et pour cette combinaison de moyens par lesquels le produit du travail est augmenté. Quand on a atteint ce point et obtenu ces avantages, il n'y a guère de raison pour souhaiter que la population s'accroisse. Si elle s'accroît, au lieu d'augmenter le revenu net tiré de la terre et du travail, c'est-à-dire la portion du produit annuel excédant ce qui est nécessaire pour rembourser le capital dépensé et faire subsister les ouvriers, elle diminue ce fonds de l'abondance duquel le bonheur de la société dépend en si grande partie.

Il paraît donc de la plus grande évidence que l'état de la société dans lequel l'accroissement de la population a réduit la communauté entière, ou presque entière, à la même condition que les individus vivant de salaires, quelque élevés qu'ils soient n'est pas en lui-même un état désirable.

La preuve qui démontre que cet état de choses n'est pas favorable au bonheur humain, démontre également que l'état qui précède celui-ci, ne l'est pas non plus. Il est évident que, quels que soient les désavantages inhérens à l'état de choses dans lequel les revenus de tout le monde, excepté les propriétaires fonciers, sont descendus au niveau des salaires, les désavantages de l'état qui précède immédiatement celui-ci, sont à peu de chose près les mêmes.

Quel est l'état de choses qui succède à celui où les revenus de tout le monde, sauf un petit nombre d'individus, ne sont pas au-dessus du taux des plus forts salaires? Telle est la troisième et dernière question comprise dans cette partie de nos recherches. Si l'accumulation forcée des capitaux, par le moyen d'une taxe sur les revenus, est poussée au-delà de ce terme, il s'opère immédiatement dans les revenus de ceux qui vivent des profits d'un capital, une diminution qui porte ces revenus au-dessous du taux le plus élevé des salaires, et qui est suivie de tous les maux qu'un tel état de pauvreté comporte. Si l'accumulation forcée des capitaux est abandonnée, il faut que le nombre des naissances diminue, ou bien la population s'accroît plus rapidement que les capitaux, le taux des salaires baisse, et tous les maux qui résultent de salaires insuffisans tombent sur la classe ouvrière.

Cette analyse a été longue et fastidieuse. Elle nous a appris toutefois que le bonheur de l'espèce humaine ne peut être assuré en employant des moyens artificiels pour forcer les capitaux à s'accroître aussi rapidement que la population. D'un autre côté, on a vu que, si les naissances deviennent plus nombreuses qu'il n'est nécessaire pour maintenir la population dans un état correspondant à celui des capitaux, le bonheur public est immédiatement altéré. Le grand problème pratique est donc de trouver le moyen de limiter le nombre des naissances. Il a été également reconnu qu'il n'est pas à désirer que la population s'accroisse au delà d'une certaine quotité qui convient le mieux pour les relations sociales et la combinaison des divers genres de travail. Le point précis de la question est donc de trouver le moyen de borner les naissances au nombre nécessaire pour entretenir la population sans l'accroître. Si l'on y parvenait, lorsque les profits du capital appliqué à la culture des terres sont encore assez considérables, les salaires de l'ouvrier seraient raisonnables, et il resterait un fort surplus. Si on laissait les lois de la distribution agir librement, la plus grande partie de ce produit net arriverait par modiques portions dans les mains d'une classe nombreuse de personnes exemptes de la nécessité de se livrer à un travail manuel, et placées dans la situation la plus favorable à la jouissance du bonheur, et à l'acquisition des plus hautes qualités intellectuelles et morales. La société aurait alors atteint son maximum de félicité.

Nous avons encore à mentionner le cas où le gouvernement, au lieu de les prêter, emploierait lui-même les capitaux qu'il crée par des moyens artificiels. Il est évident néanmoins que, soit que le gouvernement emploie ces capitaux, soit qu'il les prête à d'autres pour les employer, tous les effets que nous avons indiqués comme résultant nécessairement d'un accroissement de capitaux, seront les mêmes. Le meilleur moyen peut-être que le gouvernement pourrait imaginer pour employer par lui-même une portion du produit annuel qu'il

enlève aux particuliers, pour accélérer l'accroissement du capital national, serait celui qui
a été si vivement recommandé à l'attention du
public par M. Owen de New-Lanark. M. Owen
voudrait que la portion du produit annuel,
convertie de la sorte en capital, fût employée
par le gouvernement à créer certains établissemens d'une nature mixte, c'est-à-dire, en partie agricoles, et en partie industriels; à bâtir
les édifices, et à fournir les outils et machines,
ainsi que les subsistances et les matières premières qui pourraient être nécessaires. M. Owen
pense que, dans ces établissemens, le travail
pourrait être employé avec de grands avantages, et des moyens extraordinaires de bonheur
pour les individus qui le fourniraient. Toutefois,
M. Owen doit supposer de deux choses l'une :
ou la population irait en croissant, ou elle demeurerait au même taux. Dans le premier cas,
en supposant, comme de raison, que les capitaux augmentent en même proportion qu'elle,
tous les maux que nous avons vu plus haut
devoir résulter d'une accumulation forcée
de capitaux, lorsque le gouvernement les
prête, en résulteraient de même quand on
les emploierait dans les établissemens en question. Si M. Owen croit que la population

n'augmenterait pas , et si l'on pouvait employer des expédiens pour borner suffisamment le nombre des naissances, il n'y aurait pas besoin des établissemens en question, et encore moins d'enlever aux citoyens une portion de leurs revenus. La limitation du nombre des naissances , en élevant le taux des salaires, accomplira tout ce que nous désirons , sans peine de notre part, et sans intervention de l'autorité. Cette limitation, en supposant qu'on trouve le moyen de l'opérer, peut être poussée assez loin , non-seulement pour élever la condition de l'ouvrier jusqu'à un état d'aisance et de bonheur aussi grand qu'on peut le désirer, mais encore pour prévenir entièrement l'accumulation des capitaux.

SECTION III.

DES PROFITS DE CAPITAL.

Lorsqu'il est bien établi que la totalité du produit annuel est distribuée en loyers de terre, salaires de travail et profits de capital, et quand on a déterminé ce qui règle les portions à prélever pour loyers et pour salaires, la question est également résolue à l'égard des profits de capital ; car il est évident que tout ce qui reste est compris sous cette dénomination.

De ce qui a déjà été expliqué relativement au loyer, il paraît que c'est quelque chose de tout-à-fait étranger à ce qu'on peut considérer comme l'indemnité due aux opérations productives du capital et du travail. Aussitôt qu'il est nécessaire d'appliquer le capital à un terrain d'une qualité inférieure, ou à la même terre avec un produit moindre ; tout ce qui excède ce dernier produit est comme s'il n'existait pas, par rapport au capitaliste et à l'ouvrier. Tout ce que la terre rend au delà pourrait être anéanti au moment même où il est produit, sans altérer la portion qui revient à chacune de ces deux classes de producteurs. Dès qu'une nouvelle portion de capital doit être employée avec un produit moindre, c'est la même chose que si les facultés productives de tout le capital employé à cultiver la terre étaient réduites au même taux, qu'il n'y eût pas de différence entre les produits donnés par une pièce de terre ou une portion de capital, et une autre pièce de terre ou une autre portion de capital, mais qu'une somme de produits égale à ce que les premières portions de capital donnaient ordinairement en plus, tombât du ciel, comme par miracle, sur les possesseurs de la terre qui les rend. La portion des produits qui, sous la dénomination de loyer, revient au propriétaire foncier, et qui excède la juste indemnité de la somme de capital et de travail appliquée à la terre, est, dans le fait, le résultat d'un accident. Supposons que toute la terre cultivée, dans le pays, fût de la même qualité et rendît la même quotité de produits pour chaque portion de capital, à l'exception d'un seul *acre*, que nous supposerons produire six fois autant que les autres; ce qui, dans ce cas, serait produit par chacun des autres *acres*, pourrait justement être regardé comme l'in-

demnité due au travail et au capital employés à
leur culture, et le total de cette indemnité.
Les cinq autres portions égales, produites par
l'*acre* en question, ne seraient pas regardées
comme faisant partie de l'indemnité due au
travail et au capital, mais comme le produit
accidentel d'une vertu particulière à ce mor-
ceau de terre. Mais ce qui est vrai pour un seul
acre, est également vrai pour un nombre d'*a-
cres* quelconque, dès qu'il arrive un événement
qui diminue le produit obtenu avec une certaine portion de capital, et engage tous les
propriétaires de capitaux à réduire leurs ren-
trées au taux de ce produit diminué.

Il est donc pleinement visible que tout ce
qu'il est permis de considérer comme le produit de la double action du capital et du travail, consiste en ce que rend la portion de
capital employée sans payer de loyer, et qui
mesure la quotité de produits qui doivent rester après le prélèvement du loyer, pour indemnité de toutes les autres portions de travail et
de capital employé à cultiver la terre. Tout
ce qu'on peut considérer comme le produit
réel du travail et du capital, reste donc pour
être partagé entre l'ouvrier et le capita-

liste , après que le loyer a été prélevé. Il suit de là qu'en recherchant ce qui règle les salaires et les profits , le loyer peut être laissé tout-à-fait hors de la question. Le loyer est l'effet et non la cause de la diminution du produit que les capitalistes et les ouvriers ont à partager entre eux.

Lorsque quelque chose doit être partagé entre deux personnes, il est très-évident que ce qui règle la part de l'une règle aussi la part de l'autre , car ce qui est ôté à l'une, l'autre le reçoit ; par conséquent tout ce qui augmente la portion de l'une diminue celle de l'autre , *et vice versa.* Nous pourrions donc , à ce qu'il semble , dire avec une égale raison que les salaires déterminent les profits, ou que les profits déterminent les salaires, et prendre à volonté le taux des uns ou des autres pour régulateur.

Toutefois, comme nous avons vu que la proportion entre les parts respectives du capitaliste et de l'ouvrier , dépend de celle qui existe entre la population et la masse des capitaux , et que la première a une tendance à s'accroître plus rapidement que l'autre , le

principe actif du changement est du côté de la
population, et fournit un motif pour considérer l'état de la population, et par conséquent le taux des salaires comme régulateur.

D'après cela, comme les profits du capital
dépendent de la part que ses possesseurs reçoivent du produit combiné du travail et du
capital, ces profits dépendent des salaires ; ils
haussent quand ceux-ci baissent, et réciproquement.

On peut dire cependant que les profits du
capital dépendent non-seulement de la part
que reçoivent les possesseurs sur ce qu'on
divise, mais aussi de la valeur totale du divi-
dende. Les profits dépendent donc de deux
choses, de la part qui revient au capitaliste du
produit combiné du capital et du travail, et
aussi de la quantité totale de ce produit.

Pour nous expliquer clairement sur ce
point, nous devons écarter une certaine am-
biguïté inhérente au mot profits. Par profits
on peut entendre la quantité de produits ;
par exemple, le nombre de *quarters* de grain

ou d'*yards* * de drap que le capitaliste reçoit comme indemnité d'une certaine quantité de subsistances, de matières brutes et d'outils qu'il a fournis ; ou bien le mot profits peut, ainsi que cela a lieu très-communément, ne pas se rapporter aux produits eux-mêmes, mais à leur valeur relative. C'est dans ce dernier sens que nous l'employons quand nous parlons du taux des profits, ou quand nous disons que les profits sont de tant pour cent. Quand nous nous exprimons ainsi, nous voulons dire tout simplement que la valeur de la portion des produits qui revient au capitaliste est dans tel rapport avec la valeur de toutes les choses employées comme capital pour opérer la production. Quand nous disons, par exemple, que les profits sont de dix pour cent, nous disons que la part des produits qui revient au capitaliste pourrait s'échanger contre le dixième de toutes les choses employées comme capital pour opérer la production.

Maintenant on ne peut plus mettre en doute, si nous employons le mot profits dans le pre-

---

* L'*yard*, mesure de 3 pieds anglais, est égale à 91 centimètres. (*Note du traducteur.*)

mier sens , comme indiquant simplement une portion de produits, que la même quantité de subsistances, par exemple, et d'instrumens aratoires employés comme capital, rendra un plus grand nombre de *quarters* de blé, pour chaque part du produit, soit une moitié, un tiers ou toute autre portion qui revient au capitaliste, quand le produit total est considérable, que quand il est faible. Dans ce sens, les profits dépendent donc de deux choses; de la masse des produits, supposant toujours le loyer prélevé , et du taux des salaires; mais si nous employons le mot profits dans le sens ordinaire, pour désigner un rapport de valeurs , il est aisé de voir qu'alors les profits dépendent tout-à-fait du taux des salaires.

Quand la même quantité de travail et de capital est employée à la production de deux objets, ils peuvent s'échanger l'un contre l'autre ; ou, en d'autres termes, la valeur échangeable de l'un est égale à celle de l'autre. C'est la même chose que si nous disions que, lorsque deux produits ont exigé les mêmes dépenses, ils peuvent s'échanger l'un contre l'autre. Quelle est en effet la raison pour laquelle la moitié d'un produit est égale en valeur à l'autre moitié, si ce n'est qu'une égale quantité de travail et de capital a été nécessaire pour produire l'une et l'autre ? *

La valeur des produits est donc déterminée par la quantité de capital et de travail nécessaire à leur production. Si la même portion de capital et de travail qui a antérieurement opéré la production d'une certaine quantité d'un produit quelconque, devient capable, au moyen de quelque découverte, d'en produire le double, ce double n'a pas plus de valeur que la quantité primitive ; la valeur de chaque once, ou aune du produit en question baisse de moitié. L'inverse est également vrai : quand, par exemple, la même quantité de travail et de capital appliquée à la terre donne un produit moindre qu'auparavant, la valeur de ce produit diminué reste aussi grande que celle du produit plus fort obtenu primitivement. Mais si la valeur de ce qui se partage en salaires et profits de

---

* On a jugé à propos d'anticiper ici un peu sur ce qui est contenu dans le chapitre où les causes qui règlent la valeur échangeable des produits sont expliquées tout au long. On renvoie le lecteur à ce chapitre pour obtenir de plus amples détails.

(*Note de l'auteur.*)

capital reste la même, il est évident que la valeur de la portion qui forme les profit de capital dépend tout-à-fait de celle qui constitue les salaires. Le taux des profits, ou la proportion entre la valeur de ce que reçoit le capitaliste et celle du capital, dépend donc tout-à-fait du taux des salaires.

La diminution des profits du capital employé à la culture de la terre, provenant de la nécessité de cultiver des portions de terrains moins fertiles, ou d'appliquer successivement de nouvelles portions de capital au même terrain, diminue les profits du capital appliqué aux manufactures et à toute autre espèce d'industrie.

Nous avons vu que la diminution des profits du capital appliqué à l'agriculture est inévitable ; mais le taux des profits pour un capital employé d'une manière quelconque, doit fixer celui des profits pour les capitaux employés de toute autre manière. Personne ne voudrait continuer d'appliquer son capital à l'agriculture, si en lui donnant un autre emploi, il pouvait obtenir de plus grands avantages. Tous les profits de quelque genre que ce soit doivent donc descendre au niveau de ceux de l'agriculture. Il reste à expliquer par quels degrés on arrive à ce résultat.

Quand il survient une demande pour une certaine quantité additionnelle de blé qui ne peut être produite qu'en cultivant des terres d'une qualité inférieure, ou en appliquant de nouvelles portions de capital aux mêmes terres avec des profits moindres, les cultivateurs hésitent, comme de raison, à employer leur capital d'une manière moins productive qu'auparavant, la demande de blé augmente alors sans une augmentation proportionnelle dans la production de cette denrée. Par une conséquence naturelle, la valeur échangeable du blé hausse, et quand elle s'est élevée jusqu'à un certain degré, le cultivateur peut, en produisant du blé en moindre quantité qu'auparavant, tirer de son capital d'aussi grands profits que les autres possesseurs de capitaux.

Par ce moyen, ses profits ne se maintiennent pas à leur taux primitif, mais tous les autres profits descendent à celui auquel les siens sont tombés. Par l'augmentation de la valeur du blé les frais de travail se trouvent augmentés. Une certaine quantité de choses nécessaires à la vie doit être consommée par l'ouvrier, qu'elles coûtent plus ou moins. Lorsqu'elles coûtent plus qu'elles ne coûtaient auparavant , son travail coûte davantage, bien que la quantité de subsistances et d'autres choses qu'il consomme reste précisément la même. Ses salaires peuvent donc être regardés comme ayant haussé quoique l'indemnité réelle de son travail n'ait pas augmenté.

Par cette altération dans les frais de production et dans la valeur du blé, tous les capitalistes sont forcés de donner de plus forts salaires à leurs ouvriers; leurs profits, comme nous venons de le voir, se trouvent donc réduits. Le fermier aussi est obligé , pour la même raison, de donner des salaires plus forts, c'est-à-dire qu'en partageant le produit du travail et du capital qu'il emploie, il est obligé de donner une plus forte part à ses ouvriers ; ses profits sont par conséquent réduits de la même manière et en même proportion que ceux des autres capitalistes. La valeur de ses produits a augmenté, mais seulement assez pour compenser les désavantages qu'il a éprouvés. La quantité de produits rendue par son capital a diminué ; celle rendue par le capital des autres n'a pas éprouvé de diminution. La valeur de ses produits hausse tout juste assez pour compenser la diminution qu'il a éprouvée sur leur quantité, et qui lui est particulière ; mais la diminution de profits résultant de la hausse des salaires, il la partage avec tous les autres capitalistes. Il n'y a aucun accroissement de valeur pour compenser cette augmentation de dépenses.

On voit ainsi qu'à mesure que la population s'accroît, et qu'on se trouve dans la nécessité d'appliquer les capitaux à la culture de terres de moins en moins fertiles, les profits de ces capitaux diminuent graduellement.

CHAPITRE III.

DES ÉCHANGES.

SECTION PREMIÈRE.

DE L'ESPÈCE D'AVANTAGE PROVENANT DE L'ÉCHANGE DES PRODUITS, ET DES PRINCIPAUX AGENS QU'ON Y EMPLOIE.

Supposons que deux hommes aient plus qu'il ne leur est nécessaire, l'un, par exemple, de vivres, et l'autre de drap, et que le premier désire plus de drap qu'il n'en possède, et le second plus de vivres ; ce sera un grand avantage pour tous deux que de pouvoir échanger une portion des vivres de l'un contre une portion du drap de l'autre. Il en est ainsi dans tout autre cas.

Pour opérer les échanges, il y a deux classes d'individus dont l'intervention est d'un grand avantage ; ce sont celles des voituriers et des marchands.

Quand la division du travail a été poussée assez loin, il arrive que les objets d'utilité ou d'agrément sont souvent produits à une distance très-considérable du lieu où ils sont désirés pour la consommation. Il est donc nécessaire de les transporter d'un lieu à un autre. Il y a deux sortes de transport : transport par terre et transport par eau. L'exécution du transport exige du travail et un capital. Dans le transport par terre, il faut les voitures, les chevaux, ou autres bêtes de trait, et l'entretien de ces animaux, ainsi que celui du nombre d'hommes nécessaire pour les conduire ; dans le transport par eau, les bateaux ou navires et l'entretien des hommes qui les font naviguer constituent le capital nécessaire.

Pour se procurer les divers articles qu'on désire consommer, il serait très-incommode d'aller chaque fois trouver successivement les différens fabricans et producteurs de chacun de ces articles, qui souvent demeurent à une très-grande distance les uns des autres. On épargne aux consommateurs beaucoup de fatigues et d'embarras, lorsqu'ils trouvent réunis dans un seul endroit la totalité, ou une grande partie des articles qu'ils emploient. Cette circonstance donne naissance à la classe des marchands, qui achètent des fabricans et tiennent prêts à être employés tous les articles dont ils espèrent un débit profitable.

Dans les petites communes où quelques marchands et souvent un seul peuvent fournir aux besoins de toute la population, la boutique ou le magasin d'un marchand contient des articles de toutes les espèces ou de la plupart des espèces qui sont généralement demandées. Dans les endroits où la population est un peu considérable, au lieu d'ouvrir un grand nombre de boutiques contenant chacune des articles de toutes les sortes, on trouve plus commode de diviser les articles par classes ; et chaque boutique ne contient que des articles d'une certaine classe : dans l'une, par exemple, on ne trouve que des chapeaux, dans une autre que des bonneteries, dans celle-ci que des verreries, dans celle - là que des objets en fer, etc.

SECTION II.

DE CE QUI DÉTERMINE LA VALEUR ÉCHANGEABLE DES PRODUITS , C'EST-A-DIRE LA QUANTITÉ A DONNER D'UN PRODUIT QUELCONQUE EN ÉCHANGE D'UNE CERTAINE QUANTITÉ D'UN AUTRE PRODUIT.

QUAND une certaine quantité d'un produit s'échange contre une certaine quantité d'un autre produit, par exemple, une certaine quantité de drap contre une certaine quantité de blé, il y a quelque chose qui détermine le propriétaire du drap à accepter en échange telle quantité de blé, et le propriétaire du blé à recevoir telle quantité de drap.

Voici ce qui forme évidemment la première base du principe de la demande et de l'offre. Si l'on apporte au marché une grande quantité de blé pour l'échanger contre du drap, et seulement une petite quantité de drap à échanger contre du blé, on donnera une grande quantité de blé pour une petite quantité de drap. Si la quantité de drap apportée au marché augmente sans aucune augmentation de la quantité de blé, la quantité de blé à donner en échange d'une certaine quantité de drap diminuera proportionnellement.

Ceci, toutefois, ne résout pas la question tout entière. Si la quantité à donner d'un produit quelconque en échange d'une certaine quantité d'un autre produit dépend de la proportion entre l'offre et la demande, il est évidemment nécessaire de découvrir d'où dépend cette proportion.

La demande donne naissance à l'offre, et le terme de l'une est aussi le terme de l'autre. Quand la demande d'un article augmente, la production de cet article augmente en même proportion, si elle est susceptible d'augmenter : c'est un effet régulier. Si la demande d'un article cesse, on cesse aussitôt de le produire.

La relation qui existe entre les causes et les effets s'explique ici très-facilement. Le blé qu'on apporte au marché a coûté de frais de production et de transport telle somme, et le drap telle autre. Pour plus de simplicité nous supposons qu'on n'apporte pas plus de deux articles au marché ; il n'est d'aucune conséquence pour le résultat que ces articles soient en petit ou en grand nombre.

Ce qu'il en a coûté pour apporter le blé au marché est égal ou non à ce qu'il en a coûté pour y apporter le drap. Dans le premier cas il n'y a pas de raison pour changer les quantités qu'on y apporte ; car le propriétaire de l'un quelconque de ces deux articles ne saurait obtenir une plus grande quantité de l'autre article en changeant d'industrie, et en appliquant son travail et son capital à la production de cet article. Si les frais n'ont pas été égaux, il en résulte aussitôt un motif pour changer la proportion entre les quantités de blé et de drap qu'on apporte au marché. Supposons qu'il en ait coûté plus pour y apporter le blé que pour y apporter le drap, et que la totalité d'un de ces articles ait été échangée contre la totalité de l'autre, soit en masse, soit par portions, les individus qui ont apporté le drap sont devenus possesseurs d'une certaine quantité de blé à moins de frais qu'il n'en a coûté aux cultivateurs pour l'apporter au marché. Ces derniers au contraire sont devenus possesseurs d'une certaine quantité de drap à plus grands frais qu'il n'en a coûté pour le faire et l'apporter au marché.

De là naît un motif pour diminuer la quantité de blé et augmenter la quantité de drap qu'on apporte au marché; parce que les hommes qui ont échangé du blé contre du drap peuvent obtenir plus de ce dernier article en changeant d'industrie, et en appliquant leur travail et leur capital à la production du drap. * Aussitôt qu'on ne pourra plus obtenir plus de drap, en appliquant à la production de cet article une certaine quantité de travail et de capital , qu'en l'appliquant à la production du blé et en échangeant ce blé contre du drap , tout motif pour changer les quantités respectives de ces deux articles cessera. Il n'y aura rien à gagner à produire du blé plutôt que du drap ou du drap plutôt que du blé ; les frais de production seront égaux de part et d'autre.

Il paraît donc évident que la valeur relative des produits, ou en d'autres termes , la quantité d'un produit qui s'échange contre une quantité déterminée d'un autre , dépend dans le principe de la demande et de l'offre , mais en

* Le mot *production* est employé ici dans le sens que lui donne M. Say. *Catéchisme d'économie politique* , pag. 8.
(*Note du Traducteur.*)

dernier lieu des frais de production; et, d'après cela, pour parler rigoureusement, on doit dire qu'elle dépend tout-à-fait des frais de production. Une augmentation, ou une diminution soit de la demande, soit de l'offre, peuvent élever ou abaisser momentanément au-dessus ou au-dessous des frais de production la valeur échangeable d'un produit; mais la concurrence, là où elle n'est pas entravée, tend invariablement à la ramener à ce taux et à l'y maintenir.

Les frais de production règlent donc la valeur échangeable des produits ; mais ces mots *frais de production* présentent eux-mêmes quelque obscurité. Il est probable que des idées différentes y sont souvent attachées par différentes personnes.

Deux instrumens concourent ordinairement à la production, le travail et le capital; l'ouvrier est propriétaire de l'un, l'individu qui fournit à celui-ci les outils et les matières premières est propriétaire de l'autre.

Il est donc évident ou que les frais de production se composent de la combinaison du travail et du capital employés, ou que l'un de ces élémens peut se confondre avec l'autre ; dans ce dernier cas les frais de production ne consistent pas dans la combinaison de l'un et de l'autre.

L'opinion qu'on se forme , au premier aperçu, est incontestablement que les frais de production ne se composent que du capital. Le capitaliste paie les salaires de l'ouvrier, achète les matières premières , et compte que ce qu'il a dépensé lui rentrera avec les profits ordinaires de tout le capital employé. D'après cette manière d'envisager le sujet, il semblerait que les frais de production consistent exclusivement dans la portion de capital dépensée , plus les profits obtenus sur la totalité du capital employé à la production

Il est cependant très-aisé de voir que le terme capital ainsi compris renferme une ambiguité et par conséquent une erreur. Quand nous disons que le capital et le travail , les deux instrumens de la production, appartiennent à deux classes de personnes, nous voulons dire que les ouvriers ont contribué pour tant à la production, et les capitalistes pour tant, et que le produit, lorsqu'il est obtenu appartient aux uns et aux autres dans une certaine proportion. Il peut arriver néanmoins, que l'une de ces deux classes de producteurs ait acheté la part de l'autre avant que la production ne soit opérée. Dans ce cas la totalité des produits appartient à ceux des producteurs qui ont acheté la part des autres. En point de fait, chaque fois que le capitaliste emploie des ouvriers, il achète leur part, s'il leur paye des salaires. Quand les ouvriers reçoivent des salaires pour leur travail, sans attendre qu'on leur donne une part des produits, il est évident qu'ils cèdent leurs droits à cette part. Les capitalistes deviennent alors propriétaires non-seulement du capital mais encore du travail. Si ce qu'on a payé en salaires est compris, comme cela a lieu communément, sous la dénomination de capital, il est absurde de parler du travail isolé du capital. Le mot capital employé de la sorte comprend les deux instrumens de la production. Par conséquent dire que la valeur échangeable des produits est déterminée par le capital, entendu dans ce dernier sens, c'est comme si l'on disait que cette valeur est déterminée par le travail et le capital réunis. Mais s'exprimer ainsi c'est revenir au point d'où nous sommes partis. Il est absurde de comprendre le travail dans la définition du mot capital, et de dire ensuite que le capital, sans le travail, règle la valeur échangeable. Si l'on entend le mot capital dans un sens qui ne comprend pas le prix du travail et par conséquent le travail lui-même, il est évident que le capital ne règle pas la valeur échangeable des produits.

Si le travail était le seul instrument de la production, et qu'il n'y eût pas besoin de capital, le produit d'une journée de travail, dans un article quelconque, s'échangerait contre le produit d'une journée de travail dans un autre article. Dans l'état d'enfance de la société, si le chasseur et le pêcheur désiraient varier leur nourriture en échangeant une certaine portion de gibier contre une autre portion de poisson, la quantité que chacun prend dans un jour règlerait l'échange ; si cela n'avait pas lieu, l'un des deux se trouverait placé dans une situation plus défavorable que l'autre, avec la faculté, dont il ferait naturellement usage, de changer d'occupation.

En comparant des quantités de travail de natures différentes, on doit, comme de raison, tenir compte des différens degrés de peine et d'adresse qu'ils exigent. Si les produits de deux journées de travaux qui exigent une peine et une adresse égales, peuvent s'échanger l'un contre l'autre, le produit d'une journée d'un travail qui exigerait ou plus de peine ou un plus grand degré d'adresse devrait s'échanger contre quelque chose de plus.

Tout capital consiste réellement en produits. Le capital du fermier n'est pas l'argent qu'il serait capable de réaliser, parce qu'il ne pourrait appliquer cet argent à la production. Son capital consiste dans ses bâtimens d'exploitation, ses instrumens aratoires et son bétail.

Puisque tout capital consiste en produits, il s'ensuit naturellement que le premier capital doit avoir été le résultat du simple travail : les premiers produits ne pouvaient être obtenus à l'aide d'autres produits qui n'existaient pas avant eux.

Si les premiers produits, et par conséquent le premier capital ont été le résultat du simple travail, la valeur de ce capital, c'est-à-dire la quantité d'autres produits contre laquelle on eût pu l'échanger, a dû être estimée par le travail. Ceci est une conséquence immédiate de la proposition que nous venons d'établir, savoir que, dans le cas où le travail était le seul instrument de production, la valeur échangeable des produits se réglait d'après le travail que leur production avait exigé.

Ceci une fois posé, la conséquence nécessaire est que la valeur échangeable de tous les produits est déterminée par la quantité de travail qu'ils ont exigé.

Le premier capital, ainsi qu'on vient de le voir, étant le résultat du simple travail, a une valeur proportionnée à ce travail. Ce capital concourt à la production, et, dès que cela arrive, on pose comme règle que la valeur des produits est déterminée par celle du capital ; mais il a été reconnu tout à l'heure que la valeur de ce capital lui-même était déterminée par la quantité de travail. Il ne sert donc à rien de dire que la valeur d'un produit est déterminée par celle du capital, lorsqu'il faut remonter au delà, et demander par quoi cette valeur elle-même est déterminée. Dire que la valeur des produits est déterminée par celle du capital, mais que la valeur du capital est déterminée par la quantité de travail, c'est dire finalement que la valeur des produits est déterminée par la quantité de travail.

Il est donc incontestable que non-seulement la valeur du premier capital , mais encore celle des produits qui résultent de l'emploi de ce premier capital sont déterminées par la quantité de travail. Le second capital consiste en produits résultans de l'emploi du premier capital ; on doit donc l'évaluer, comme celui-ci, d'après la quantité de travail. Le même raisonnement s'applique au capital dans tous ses degrés successifs. La valeur du premier capital a été mesurée par la quantité de travail ; la valeur de ce qu'a produit le premier capital l'a été d'après la valeur de ce premier capital ; mais celui-ci avait été évalué d'après la quantité de travail , donc ce qu'il a produit l'a été également par le travail. Ce raisonnement peut être poussé aussi loin qu'on supposera des productions successives. Mais si la valeur de tout capital doit être déterminée par le travail, il s'ensuit que, dans toutes les hypothèses, la valeur de tous les produits doit être déterminée par le travail.

Dire que la valeur des produits dépend du

capital, comme régulateur absolu, c'est dire l'une des absurdités les plus évidentes. Le capital consiste en produits. D'après cela, si la valeur des produits dépend de celle du capital, elle dépend de la valeur des produits, c'est-à-dire que la valeur des produits dépend d'elle-même. Ce n'est pas indiquer un régulateur ; mais c'est faire, pour arriver à ce but, une tentative évidemment et complétement infructueuse.

Il est donc démontré de la manière la plus claire, que c'est, en définitive, la quantité de travail qui détermine dans quelle proportion les produits s'échangent les uns contre les autres.

———

SECTION III.

DE L'EFFET PRODUIT SUR LES VALEURS ÉCHANGEABLES PAR UNE FLUCTUATION DANS LE TAUX DES SALAIRES ET DES PROFITS.

En disant que les produits sont obtenus à l'aide de deux instrumens, le travail et le capital, dont le dernier est lui-même le résultat du travail, nous voulons dire que les produits sont obtenus au moyen de deux quantités de travail de différente espèce : l'un, que nous appelons travail *immédiat*, est celui que fournit actuellement l'ouvrier ; l'autre, nommé travail *accumulé*, est le résultat d'un travail antérieur, et sert à aider le travail immédiat, ou constitue la matière à laquelle celui-ci est appliqué.

Il y a deux choses à observer à l'égard de ces deux espèces de travail : 1° qu'elles ne sont pas toujours payées au même taux, c'est-à-dire que le prix de l'une ne hausse pas et ne baisse pas en même temps que le prix de l'autre hausse ou baisse ; 2° qu'elles ne contribuent pas toujours dans une même proportion à la production de tous les articles.

S'il existait deux espèces quelconques de travail , dont les prix n'éprouvassent pas une hausse et une baisse proportionnelle , et qui , concourant à la production de tous les articles en général, n'y concourussent pas à un égal degré pour tous , il en résulterait une différence dans les valeurs échangeables chaque fois qu'une fluctuation aurait lieu dans le taux des salaires.

Si tous les articles étaient produits par une portion de travail mêlé d'adresse , et une autre portion de travail purement de force ; mais si le rapport de l'une à l'autre était différent dans la production d'articles différens ; et si toutes les fois que les salaires du travail exigeant de l'adresse hausseraient, ceux du travail de pure force haussaient deux fois autant , il est très-clair qu'à chaque hausse des salaires les articles dont la production exige une plus grande quantité de travail de pure force , gagneraient en valeur sur ceux qui exigent une moindre quantité de cette espèce de travail. Il est évident toutefois que bien que la différence existant dans l'accroissement et le décroissement des salaires de deux espèces de travail, et dans les proportions suivant lesquelles on les applique à la production de différens articles, dût, lors d'une hausse ou d'une baisse des salaires, changer la valeur relative des produits, elle le ferait sans altérer en rien la vérité de la proposition précédemment établie, que c'est la quantité de travail qui détermine les valeurs échangeables.

Le cas est précisément le même, en supposant que ce soient les deux espèces de travail, appelées travail immédiat et travail accumulé, qu'on applique dans des proportions différentes à la production.

Trois cas expliqueront suffisamment les différens degrés suivant lesquels le travail et le capital concourent à la production. Nous en appellerons deux les extrêmes, et le troisième le moyen : le premier est celui où les produits sont obtenus par le travail immédiat seul, c'est-à-dire sans le concours du capital ; le second, celui où les produits sont obtenus une moitié à l'aide du capital, et l'autre moitié à l'aide du travail immédiat ; le troisième enfin, le cas où les produits sont obtenus par le capital seul , c'est-à-dire sans le concours du travail immédiat. Il n'y a peutêtre aucune espèce de produits qui se rapporte parfaitement à l'un ou à l'autre des deux cas extrêmes ; il y en a toutefois qui approchent de l'un et de l'autre , et lorsque les cas les plus simples auront été expliqués comme exemples , on pourra facilement et exactement tenir compte des différences que présenteront les autres.

Si deux espèces de travail sont employées à la production , et si, lorsque le prix de l'une hausse , celui de l'autre baisse , l'article à la production duquel une plus grande portion de la première espèce de travail a été employée devra , lors d'une hausse dans le prix de cette espèce de travail , hausser de valeur*, relativement à un article à la production duquel une moins grande quantité de cette espèce de travail est employée. Toutefois , la proportion suivant laquelle cette hausse aura lieu , dépend de deux circonstances : 1° de la

---

* Valeur échangeable.

proportion suivant laquelle le prix d'une espèce de travail baisse, quand celui de l'autre hausse ; 2° de la proportion existante entre la quantité du travail de la première espèce employée dans la production de l'article en question, et celle qui est employée à la production de l'autre article.

La première question à faire est donc celle-ci : dans quelle proportion, quand les salaires haussent, les profits baissent-ils? C'est même la seule question générale ; car la proportion suivant laquelle les deux espèces de travail concourent à la production des différens articles, dépend des circonstances de chaque cas particulier.

Si tous les articles étaient dans le premier des trois cas que nous avons pris plus haut pour exemples, et que pour abréger nous désignerons par les n°s 1, 2 et 3, ou en d'autres termes, si tous les articles étaient produits par le travail seul, et que le capital fût uniquement employé à payer des salaires, les profits du capital baisseraient tout juste dans la même proportion que les salaires hausseraient.

Supposons un capital de 1,000 livres sterling employé de la sorte avec des profits de 10 pour cent, la valeur des produits serait de 1,100 livres; car cette somme rembourserait le capital avec ses profits. Ces produits pourraient être considérés comme composés de 1,100 parties égales, dont 1,000 appartiendraient aux ouvriers et 100 au capitaliste. Supposons ensuite que les salaires haussent de 5 pour cent, il est évident qu'alors, au lieu de 100 parts prises sur les 1,100, le capitaliste n'en recevrait plus que 50; ses profits, au lieu d'être de 10 pour cent, ne seraient plus que de 5, parce qu'au lieu de 1,000 livres, il aurait eu à payer 1,050 livres. Les produits ne hausseraient pas de valeur pour l'indemniser, parce que nous avons supposé que tous les articles sont dans le même cas. Ces produits auraient donc, comme auparavant, une valeur de 1,100 livres, dont il ne resterait que 50 livres au capitaliste.

Si tous les articles étaient dans le cas n° 2, les profits ne baisseraient que de la moitié du taux dont les salaires hausseraient. Supposons qu'on emploie 1,000 livres à payer des salaires, et 1,000 autres livres en capital fixe, et que les profits soient, comme auparavant, de 10 pour cent du montant total des dépenses, la valeur des produits serait alors de 1,200 livres, parce que c'est la somme qui rembourserait le capital consommé et les profits, à raison de 10 pour cent sur le tout. Dans ce cas, les produits pourraient être regardés comme divisés en 1,200 parties égales, dont 200 appartiendraient au capitaliste. Si les salaires haussaient de 5 pour cent, et qu'au lieu de payer 1,000 livres en salaires, il en payât 1,050, il lui resterait encore pour ses profits 150 livres, c'est-à-dire qu'il n'éprouverait sur ses profits qu'une réduction de 2 et demi pour cent.

Le cas resterait précisément le même, en supposant que le capital de 1,000 livres, qui n'est pas employé à payer des salaires, le soit dans une certaine proportion comme capital circulant, destiné à être consommé dans le cours des opérations productives, et ensuite remboursé. Par exemple, en même temps qu'on emploie 1,000 livres à payer des salaires, 500 livres pourraient être employées comme capital fixe en machines d'une longue durée, et 500 livres en achats de matières premières et autres frais. Si tel était l'état des déboursés, la valeur des produits serait de 1,700 livres, montant du capital à rembourser et des profits, à raison de 10 pour cent sur le tout. Des 1,700 parts des produits, 1,000 formeraient le lot des ouvriers, quoique payé par avance, et celui du capitaliste serait de 700, dont 200 représenteraient les profits. Si dans cet état de choses les salaires haussaient de 5 pour cent, 1,050 des 1,700 parts ci-dessus formeraient le lot des ouvriers, et 650 seulement celui du capitaliste qui, après s'être remboursé de ses 500 livres de capital circulant, n'aurait plus que 150 livres pour représenter les profits, c'est-à-dire aurait éprouvé sur ces profits une réduction de 2 et demi pour cent, comme ci-devant.

Si tous les articles étaient dans le troisième cas, comme il n'y aurait pas de salaires à payer, leur hausse ne pourrait pas changer la quotité des profits ; il est évident que plus les articles paraîtraient approcher de ce cas extrême, et moins la quotité des profits serait altérée par une semblable hausse.

Si nous supposons, ce qui est très-probable,

que dans la situation réelle des choses, il y a autant de cas d'un côté du moyen que de l'autre, il en résultera, par une conséquence naturelle des compensations qui auront lieu, que les profits baisseront exactement de la moitié de ce qu'on verra les salaires hausser.

On peut observer ces diverses variations comme suit.

Lorsque les salaires haussent, et que les profits baissent, il est évident que tous les articles produits avec une moindre portion de travail que de capital, baisseront de valeur par rapport à ceux qui sont produits avec une plus grande portion du premier. Par exemple, si l'on prend pour règle le cas n° 1, celui dans lequel les articles sont produits en totalité par le travail, on dira que tous les articles qui sont dans ce cas demeurent de la même valeur, et que tous ceux qui appartiennent à l'un des autres cas baissent de valeur. Si l'on prend pour règle le cas n° 2, ou le moyen, on dira que tous les articles appartenans à ce cas demeurent de la même valeur; que tous ceux appartenans à un cas qui approche du premier extrême, haussent de valeur ; et que tous ceux appartenans à un cas qui approche du dernier extrême ,. baissent.

Les capitalistes qui produisent des articles dans le cas n° 1 , ont supporté une dépense additionnelle de 5 pour cent ; mais ils échangent leurs produits contre d'autres articles. S'ils les échangent contre des articles dans le cas n° 2, où les capitalistes n'ont eu à supporter qu'une dépense additionnelle de 2 et demi pour cent, ils recevront un surplus de 2 et demi pour cent de ces articles. Ainsi, en obtenant des articles produits dans les circonstances du cas n° 2 , ils reçoivent une certaine compensation , et ne supportent par la hausse des salaires qu'une réduction de 2 et demi pour cent sur leurs profits. Dans cet échange , au reste , le résultat se trouve tout-à-fait contraire à l'égard des capitalistes qui ont produit des articles rentrant dans le cas n° 2. Ils ont déjà supporté une augmentation de dépenses de 2 et demi pour cent dans la production de leurs articles , et ils éprouvent une autre réduction de 2 et demi pour cent sur leurs profits , en recevant en échange de leurs produits des articles qui rentrent dans le cas n° 1.

En somme, le résultat est donc que tous les producteurs qui deviennent possesseurs, soit par production, soit par échange, d'articles produits dans les circonstances du cas n° 2, éprouvent une perte de 2 et demi pour cent ; que ceux qui deviennent possesseurs d'articles produits dans des cas approchans du premier extrême, éprouvent une perte plus grande, et que ceux qui deviennent possesseurs d'articles produits dans des cas approchans du dernier extrême, éprouvent une perte moindre ; enfin que, si les cas d'un côté du moyen sont en nombre égal à ceux de l'autre côté, une perte de 2 et demi pour cent est supportée sur la totalité, et que cette perte est le maximum auquel, dans la pratique, on peut supposer que les profits se trouvent réduits.

D'après ces principes, il est aisé de calculer l'effet d'une hausse des salaires sur le prix des divers produits. Tous sont ordinairement comparés avec la monnaie ou les métaux précieux. Si l'on suppose que la monnaie rentre dans le cas n° 2, c'est-à-dire est produite (ce qui probablement ne s'éloigne pas beaucoup de la vérité) par d'égales portions de travail et de capital, alors tous les articles produits dans de semblables circonstances, ne changent pas de valeur par l'effet d'une hausse de salaires ; les articles qui approchent du premier extrême, c'est-à-dire à la production desquels on emploie une plus grande portion de travail que de capital, haussent de prix ; ceux qui approchent du dernier extrême, ou qui sont produits par une plus grande portion de capital que de travail, baissent; et enfin sur la masse générale des articles, il s'opère une compensation telle qu'il n'y a ni baisse, ni hausse.

SECTION IV.

Nous avons déjà vu que les avantages qu'on retire d'une distribution bien entendue du travail font partie des motifs qui donnent naissance à l'échange des produits. Personne ne voudra se borner seulement à la production d'un des divers articles utiles au bien-être de l'homme, à moins qu'il ne puisse, au moyen de cet article, se procurer tous les autres.

Il y a une autre circonstance qui fournit évidemment un motif aux échanges. Quelques articles ne peuvent être produits que dans certains lieux. Les métaux, la houille, et divers autres articles de la plus grande importance, sont le produit de cantons particuliers. Il en est de même de certaines productions végétales auxquelles tous les climats et tous les terrains ne conviennent pas. D'un autre côté, quelques articles dont la production n'est pas bornée à certains lieux particuliers, peuvent cependant être produits plus facilement, et à moins de frais dans certains lieux que dans tous les autres. Les articles, par exemple, dont la production exige une grande consommation de combustible, jouiront de ce double avantage dans un pays de houille; ceux dont la production demande une force motrice considérable, là où se trouve une chute d'eau ; et ceux qui exigent une grande portion de travail manuel, là où les subsistances, et par conséquent le travail, sont à bon marché.

Toutes ces causes sont palpables. Il en est une autre qui exige un peu plus d'explications. Si deux pays peuvent produire l'un et l'autre deux articles, du blé et du drap par exemple, mais avec une facilité relative différente, chacun de ces deux pays trouvera de l'avantage à se borner à la production d'un seul des deux articles en question, et à le troquer contre l'autre. Si l'un des deux pays peut produire un de ces articles avec des facilités particulières, et que l'autre pays puisse pareillement produire le second article avec des facilités particulières, on voit tout d'un coup

8

le motif qui doit engager chacun des deux pays à se borner à la production de l'article qui lui offre le plus de facilités. Le motif pour se borner à la production d'un article peut être aussi décisif quand un des deux pays a de plus grandes facilités que l'autre à produire les deux articles.

Par de plus grandes facilités, nous entendons la faculté d'obtenir le même résultat avec moins de travail. La conclusion sera encore la même en supposant le travail plus ou moins chèrement payé. Supposons que la Pologne produise du blé et du drap avec moins de travail que l'Angleterre, il ne s'ensuivra pas qu'il ne soit pas dans l'intérêt de la Pologne de tirer l'un de ces deux articles de l'Angleterre. Si la proportion est la même dans les deux cas ; si, par exemple, la même quantité de blé et de drap que la Pologne peut produire avec cent journées de travail pour chaque article, demande cent cinquante journées de travail en Angleterre, la Pologne n'aura aucun motif pour tirer l'un ou l'autre de ces articles de l'Angleterre. Mais si, lorsque la même quantité de drap qui exige cent journées de travail en Pologne, en exige cent cinquante en Angleterre, il se trouve que la quantité de blé que la Pologne produit au moyen de cent journées de travail, en exige deux cents en Angleterre, il est dans l'intérêt de la Pologne de tirer son drap de l'Angleterre. L'évidence de ces propositions peut être démontrée de la manière suivante.

Si les quantités de drap et de blé produites en Pologne au moyen de cent journées de travail, exigeaient chacune cent cinquante journées de travail en Angleterre, il s'ensuivrait que la quantité de drap qui a coûté cent cinquante journées de travail en Angleterre, aurait en Pologne la même valeur seulement que la quantité de drap qui aurait coûté cent journées de travail dans ce dernier pays; par conséquent, si l'on échangeait cette quantité de drap anglais contre du blé, elle ne s'échangerait que contre une quantité de blé ayant exigé cent journées de travail; mais comme cent journées de travail en Pologne, produisent la même quantité de blé que cent cinquante journées en Angleterre, on n'obtiendrait en échange d'une quantité de drap anglais ayant coûté cent cinquante journées de travail, que la même quantité de blé dont la production exige cent cinquante journées de travail en Angleterre. Cette dernière, en important du drap en Pologne, resterait donc à découvert des frais de transport. Dans ce cas, il n'y aurait pas lieu à échange.

Si, lorsque la quantité de drap qui coûte en Pologne cent journées de travail, en exige cent cinquante en Angleterre, le blé produit en Pologne au moyen de cent journées de travail, ne peut l'être en Angleterre à moins de deux cents journées, il en résulte aussitôt un motif pour faire l'échange. Avec une quantité de drap qui lui coûte cent cinquante journées de travail, l'Angleterre pourrait alors se procurer en Pologne autant de blé qu'on en produit dans ce pays avec cent journées de travail ; mais cette quantité serait égale à celle qu'on obtient en Angleterre avec deux cents journées de travail ; l'Angleterre pourrait donc obtenir du blé avec moins de travail au moyen de son drap.

La Pologne de son côté ferait un gain semblable. La quantité de blé qui coûte dans ce pays cent journées de travail, étant égale a celle qui en coûte deux cents en Angleterre, pourrait être échangée en Angleterre contre le produit de deux cents journées de travail en tout autre article, par exemple en drap. Mais en Angleterre le produit de cent cinquante journées de travail dans cet article est égal au produit de cent journées en Pologne. Si donc, avec le produit de cent journées de travail, la Pologne peut se procurer, non pas le produit de cent cinquante journées, mais le produit de deux cents journées, elle fait un gain de la valeur de cinquante journées de travail, c'est-à-dire d'un tiers.

Pour qu'il y ait lieu à échange, il faut deux pays et deux articles.

Quand deux pays peuvent produire les deux articles nécessaires pour qu'il y ait lieu à échange, ce n'est pas la plus grande facilité absolue, mais la plus grande facilité relative qui engage l'un de ces pays à se borner à la production d'un des deux articles et à importer l'autre.

Quand un pays peut ou importer un article ou le produire, on compare ce qu'il en coûterait pour le produire dans le pays, avec ce qu'il en coûterait pour se le procurer du dehors, et si les derniers frais sont moindres que les premiers, on importe l'article.

Les frais moyennant lesquels un pays peut importer du dehors, dépendent non-seulement de ce que l'article à importer coûte dans le pays étranger qui le produit, mais encore de ce que coûte l'article qu'on veut envoyer en échange, comparé avec ce qu'il en coûterait pour produire l'article en question, si on ne l'importait pas.

Si un *quarter* de blé est produit en Angleterre au moyen de cinquante journées de travail, il peut être également dans l'intérêt de ce pays d'importer du blé de Pologne, soit qu'il en coûte en Pologne cinquante journées de travail, ou soixante, ou quarante, ou tout autre nombre pour produire ce *quarter*. La seule chose à considérer est si la quantité de drap, au moyen de laquelle on peut importer un *quarter* de blé en Angleterre, coûte moins de cinquante journées de travail dans ce pays.

D'après cela, si la Pologne produit du drap et du blé dans la proportion de huit *yards* pour un *quarter*, et l'Angleterre dans la proportion de dix *yards* pour un *quarter*, l'échange aura lieu.

En général, quand avec une même quantité de travail, l'un des deux articles quelconques est produit en proportion plus grande par rapport à l'autre, dans un pays que dans un autre pays, il est de l'intérêt de tous deux de faire un échange.

SECTION V.

LES ARTICLES IMPORTÉS SONT LA SOURCE DES BÉNÉFICES
QU'ON RETIRE DU COMMERCE EXTÉRIEUR.

DE ce qui a été exposé dans le chapitre précédent, on peut déduire une règle générale ,
ou plutôt une règle d'une généralité absolue.
Le bénéfice qu'on retire de l'échange d'un article contre un autre , provient toujours de
l'article reçu, et non de l'article donné. Quand
un pays fait des échanges, ou en d'autres termes, trafique avec un autre pays, tout l'avantage qu'il retire de cette opération provient
des articles importés ; il gagne par l'importation, et non par aucune autre chose.

Cette proposition semble assez évidente par
elle-même pour qu'il soit difficile de la rendre
plus claire par la démonstration ; cependant
elle est si peu d'accord avec les opinions les
plus répandues , qu'il ne serait peut-être pas

aisé, au moyen de quelque démonstration que ce fût, de la faire admettre par certains esprits.

Lorsqu'un homme possède une certaine denrée ou marchandise, il ne peut gagner en s'en défaisant. Il paraît donc que, par cela seul qu'il s'en défait pour en obtenir une autre, il trouve du bénéfice à recevoir cette dernière : il aurait pu garder son article s'il lui eût cru plus de valeur qu'à celui contre lequel il l'échangeait. Le fait même d'avoir préféré cet autre article au sien, est une preuve qu'il a plus de valeur à ses yeux.

Les faits analogues forment une preuve également concluante, lorsqu'il s'agit des nations. Lorsqu'une nation échange une partie de ses produits contre une partie des produits d'une autre nation, ni l'une ni l'autre ne gagne à se défaire de ses produits ; tout le gain de chacune doit consister dans ce qu'elle reçoit. Si l'on prétend que le gain d'une autre nation consiste dans l'argent qu'elle reçoit, nous dirons qu'on verra dans le chapitre où nous traitons de la monnaie, qu'une nation ne tire aucun avantage de la possession d'une portion trop grande de métaux précieux, mais que c'est tout le contraire.

Quant à importer des articles que le pays peut produire, comme dans le cas supposé précédemment du commerce avec la Pologne, nous avons vu que l'Angleterre tirerait son blé de la Pologne, si de la sorte elle pouvait obtenir avec le produit de cent cinquante journées de travail en drap une quantité de blé qui lui aurait coûté deux cents journées de travail à produire. S'il était arrivé qu'elle n'eût pu se procurer en Pologne, avec son drap, qu'autant de blé qu'elle en aurait pu produire avec la même quantité de travail, elle n'aurait eu aucun avantage à faire l'échange. Son bénéfice, dans le cas où elle en aurait eu, serait provenu, non de ce qu'elle aurait exporté, mais de ce qu'elle eût importé.

Le cas où un pays importe des articles qu'il ne peut produire, est encore plus simple. Ce pays, ou pour mieux dire, les habitans de ce pays, ont certains produits qui leur appartiennent, mais qu'ils consentent à donner pour avoir certains produits d'autres pays. Ils préfèrent ces derniers ; donc ils obtiennent un bénéfice , non par ce qu'ils donnent (la supposition serait absurde), mais par ce qu'ils reçoivent.

SECTION VI.

DE L'AVANTAGE D'EMPLOYER UN ARTICLE PARTICULIER
COMME INTERMÉDIAIRE DES ÉCHANGES.

En échangeant des denrées ou marchandises directement, c'est-à-dire en les troquant les unes contre les autres, les besoins des individus ne pourraient pas être facilement satisfaits. Si un homme ne pouvait disposer que d'un mouton, et avait besoin d'une certaine quantité de pain, ou d'un habit, il pourrait se trouver embarrassé d'une des deux manières suivantes : ou l'homme qui aurait en sa possession l'article qu'il désire obtenir, ne voudrait pas de son mouton, ou le mouton excéderait en valeur l'article désiré, et ne pourrait se partager.

Pour obvier à ces difficultés, il serait heureux qu'on pût trouver un article que tout homme qui a des denrées ou des marchandises dont il veut se défaire, consentît à recevoir, et qui pût être divisé en portions telles qu'une certaine quantité d'entre elles se trouvât toujours correspondre à la valeur de l'article qu'on veut obtenir. Dans ce cas, l'homme qui aurait un mouton, et qui désirerait du pain ou un habit, au lieu d'offrir son mouton pour obtenir ces objets, l'échangerait d'abord contre une portion équivalente de l'article dont nous venons de parler, et avec elle il acheterait le pain et les autres choses dont il aurait besoin.

Ceci nous donne la vraie notion d'un intermédiaire des échanges. C'est un article quelconque qui, pour opérer un échange entre deux autres articles, est reçu d'abord en échange de l'un, et donné ensuite en échange de l'autre.

Certains métaux, l'or et l'argent par exemple, furent reconnus réunir à un très-haut degré toutes les qualités propres à un intermédiaire des échanges. C'étaient des articles que tout homme ayant des denrées ou des marchandises à vendre, était disposé à recevoir en échange. Ils pouvaient être divisés en portions telles qu'elles pussent toujours correspondre en valeur à la quantité d'autres articles qu'un acheteur désirait obtenir. Ils possédaient en outre l'avantage de renfermer une grande valeur sous un petit volume, et celui d'être très-faciles à porter; ils étaient aussi très-peu destructibles, et moins sujets qu'aucun autre article à des fluctuations dans leur valeur. Telles sont les causes qui ont fait de l'or et de l'argent le principal intermédiaire des échanges dans toutes les parties du globe.

Les métaux précieux étaient susceptibles d'être mêlés avec des métaux inférieurs, de manière à ce qu'il ne fût pas facile de le reconnaître, et de la sorte il était possible de recevoir une valeur moindre que celle sur laquelle on comptait. On trouva aussi qu'il était incommode de peser l'or et l'argent chaque fois qu'on avait une vente ou un achat à faire. On imagina alors un expédient propre à remédier à ces deux inconvéniens. Le métal pouvait être préparé de manière à avoir un degré déterminé de finesse; on pouvait le diviser en portions capables de s'appliquer à toute espèce d'achats, et l'on pouvait y appliquer une marque indiquant à la fois le poids de chaque portion et la finesse du métal. Il est clair que l'application de cette marque ne pouvait être confiée qu'à une autorité en qui le peuple eût confiance. Cette opération a été généralement pratiquée par les gouvernemens qui s'en sont réservé le privilége exclusif. L'opération de donner aux métaux précieux la forme la plus convenable pour servir d'intermédiaire des échanges s'appelle *monnayer*. Les pièces de métal divisées et marquées de la sorte, ont reçu le nom de *monnaie*.

SECTION VII.

PAR valeur de la monnaie, nous entendons ici la proportion suivant laquelle on l'échange, contre d'autres articles, ou la quantité de monnaie qu'on donne en échange d'une certaine quantité d'autres choses.

Il n'est pas difficile de voir que c'est la quantité totale de la monnaie existante dans un pays qui détermine quelle portion de cette monnaie l'on devra donner en échange d'une certaine portion des denrées ou des marchandises du pays.

Supposons que toutes les marchandises d'un pays soient réunies d'un côté et toute la monnaie de l'autre, et qu'on échange ces deux masses l'une contre l'autre, il est évident que le dixième, le centième, ou toute autre fraction du total des marchandises, s'échangera contre une pareille fraction du total de la monnaie, et que cette fraction sera une quantité grande ou petite, selon que le total de la monnaie existant dans le pays est grand ou petit. Si tel était l'état des choses, il deviendrait évident que la valeur de la monnaie dépendrait tout-à-fait de sa quantité.

On va voir que le cas est précisément le même dans l'état réel des choses. La masse totale des marchandises d'un pays ne s'échange pas d'un seul coup contre la masse totale de la monnaie. Les marchandises s'échangent par portions, souvent même par portions très-petites, et à différentes époques dans le courant de l'année. La même pièce de monnaie qui a servi aujourd'hui à un échange peut servir à un autre échange demain. Une partie de la monnaie sera employée à un grand nombre d'échanges, une autre partie à un très-petit nombre, et une autre enfin, qui sera entassée, ne servira à aucun échange. Il y aura entre ces variations un taux moyen basé sur le nombre d'échanges auquel aurait été employée chaque pièce, si toutes en avaient opéré une égale quantité. Fixons, par supposition, ce taux à tel nombre qu'il nous plaira, à dix par exemple.

Si chacune des pièces de monnaie qui se trouvent dans le pays a servi à dix achats, c'est comme si le nombre total des pièces avait été décuplé, et que chacune n'eût servi qu'à un seul achat. La valeur de toutes les marchandises du pays est dans ce cas égale à dix fois la valeur de toute la monnaie, puisque chaque pièce de monnaie est égale en valeur à la quantité de marchandises contre laquelle on peut l'échanger, et qu'elle sert à dix échanges dans une année.

Si, au lieu que chaque pièce de monnaie servît à dix échanges dans l'année, la masse totale de la monnaie était décuplée, et ne servait qu'à un seul échange, il est évident que toute augmentation qu'on ferait à cette masse causerait une diminution proportionnelle de valeur à chacune de ses parties prises séparément. Comme on suppose que la masse de marchandises contre laquelle on pourrait échanger toute la monnaie demeure la même, la valeur de la masse totale de la monnaie n'est pas plus grande après qu'on en a augmenté la quantité qu'auparavant. Si on la suppose augmentée d'un dixième, la valeur de chacune de ses parties, d'une once par exemple, doit se trouver diminuée d'un dixième. Supposons que la masse totale monte à 1,000,000 d'onces, et qu'elle augmente d'un dixième, quelle que soit la diminution de valeur qu'éprouve un tout, elle doit être éprouvée proportionnellement par chacune de ses parties ; et un dixième de million est à un million comme un dixième d'once est à une once.

Si la masse totale de la monnaie ne s'élève qu'au dixième de la somme supposée ci-dessus, et si chacune de ses parties sert à dix achats dans une année, c'est comme si cette masse avait été échangée dix fois contre un dixième du total des marchandises ; mais si le dixième de la somme supposée, c'est-à-dire la masse totale de la monnaie, augmente dans une proportion quelconque, c'est la même chose que si le tout ou la somme supposée augmentait dans cette proportion. Quel que soit donc le degré d'augmentation ou de diminution qu'éprouve la masse totale de la monnaie, la quantité des autres choses restant la même, la valeur de cette masse totale et de chacune de ses parties éprouve réciproquement une diminution ou une augmentation proportionnelle. Il est évident que cette proposition est d'une vérité absolue. Toutes les fois que la valeur de la monnaie a éprouvé une hausse ou une baisse, la quantité de marchandises contre lesquelles on pouvait l'échanger et le mouvement de circulation étant restés les mêmes, cette variation doit avoir eu pour cause une diminution ou une augmentation proportionnelle dans la quantité de la monnaie, et ne peut être attribuée à aucune autre chose. Si la masse des marchandises diminue pendant que le total de la monnaie reste le même, c'est comme si le total de la monnaie avait augmenté, et réciproquement. Des changemens semblables sont le résultat de toute altération dans le mouvement de la circulation. Par ces mots *mouvement de la circulation*, l'on entend le nombre d'achats faits dans un temps donné. Toute augmentation du nombre de ces achats produit le même effet qu'une augmentation du total de la monnaie ; une diminution de ce nombre produit l'effet opposé.

S'il y a une portion du produit annuel qui n'ait pas été échangée du tout, comme ce que les producteurs consomment, ou qui ne s'échange pas contre de la monnaie, cette portion ne doit pas être portée en ligne de compte.

parce que ce qui ne s'échange pas contre de la monnaie est dans le même état, par rapport à la monnaie, que s'il n'existait pas.

————

SECTION VIII.

DE CE QUI RÈGLE LA QUANTITÉ DE MONNAIE.

C'EST peu d'avoir reconnu que la quantité détermine la valeur de la monnaie, jusqu'à ce que nous soyons parvenus à reconnaître ce qui règle cette quantité.

On pourrait croire, au premier abord, que la quantité de monnaie dépend de la volonté des gouvernemens, qui se sont réservé le privilége de la faire, et qui peuvent en fabriquer autant qu'il leur plaît.

La fabrication de la monnaie a lieu dans deux espèces de circonstances : ou le gouvernement laisse un libre cours à l'augmentation ou à la diminution de la quantité de monnaie, ou il règle lui-même cette quantité, et la rend grande ou petite à son gré.

Lorsque le mouvement d'augmentation ou de diminution de la quantité de monnaie est laissé libre, le gouvernement ouvre ses hôtels de monnaie au public, et convertit les lingots en monnaie par toutes les personnes qui le demandent.

Il est évident que les individus qui possèdent des lingots ne désireront les convertir en monnaie que lorsqu'il sera de leur intérêt de le faire, c'est-à-dire quand leurs lingots convertis en monnaie auront plus de valeur que sous leur forme primitive.

Ceci ne peut arriver que lorsque la monnaie a une valeur extraordinaire, et que la même quantité de métal monnayé s'échange contre une plus grande quantité d'autres articles qu'à l'état de lingot.

Comme la valeur de la monnaie dépend de sa quantité, c'est lorsqu'elle est rare qu'elle a une plus grande valeur. Il est alors de l'intérêt des individus qui ont des lingots de les faire convertir en monnaie ; mais, par l'effet de chaque augmentation de la quantité de monnaie, sa valeur diminue, et à la fin l'excès de valeur du métal monnayé sur celui en lingots devient trop faible pour engager à faire convertir des lingots en monnaie. Si, à une époque quelconque, il arrive que la quantité de monnaie soit assez petite pour porter sa valeur au-dessous de celle du métal qui sert à la faire, l'intérêt des individus, quand le gouvernement laisse le champ libre, opère immédiatement, de manière à rétablir l'équilibre en augmentant la quantité de monnaie.

Il est possible également que la quantité de monnaie soit assez grande pour réduire la valeur du métal qu'elle contient au-dessous de sa valeur à l'état de lingot : dans ce cas, l'intérêt des individus opère immédiatement, de manière à réduire la quantité de monnaie. Si un homme se trouve possesseur d'un nombre de pièces de monnaie contenant, par exemple, une once de métal, et si ces pièces valent moins sous cette forme que si le métal qui les compose était réduit en lingot, il a un motif direct pour les fondre et les convertir en lingot ; et ce motif continue d'agir jusqu'à ce que, par la réduction de la quantité de monnaie, la valeur du métal sous cette forme approche suffisamment de celle qu'il aurait à l'état de lingot pour qu'il n'y ait plus de profit à fondre la monnaie.

Ainsi, toutes les fois que l'augmentation ou la diminution de la quantité de monnaie peut avoir lieu librement, cette quantité est réglée par la valeur du métal, puisqu'il est de l'intérêt des individus de l'augmenter ou de la diminuer, selon que la valeur du métal est plus ou moins grande sous forme de monnaie qu'à l'état de lingot.

Mais si la quantité de monnaie est déterminée par la valeur du métal, il est nécessaire de rechercher ce qui règle cette valeur. C'est une question, au reste, qu'on peut considérer comme déjà résolue. L'or et l'argent sont en réalité des marchandises, ce sont des produits qui exigent l'emploi du travail et du capital. Les frais de production sont donc ce qui règle la valeur de l'or et de l'argent, comme celle de tous les autres produits.

Nous avons maintenant à examiner les effets que produisent les efforts du gouvernement pour régler l'augmentation et la diminution de la quantité de monnaie, et la fixer comme il lui plaît. Lorsqu'il s'efforce de maintenir la quantité de monnaie au-dessous de ce qu'elle serait si les choses suivaient leur libre cours, il élève la valeur du métal monnayé, et fait qu'il est de l'intérêt de tous ceux qui le peuvent, de convertir leurs lingots en monnaie. Nous supposons que le gouvernement ne s'y prêtera pas. Il faut alors avoir recours à une fabrication clandestine, ce que le gouvernement peut empêcher par des punitions. D'un autre côté, si le gouvernement cherche à maintenir la quantité de monnaie au-dessus de ce qu'elle serait dans le cas de libre augmentation, il réduit la valeur du métal monnayé au-dessous de celle qu'il aurait à l'état de lingot, et fait qu'il est de l'intérêt de tout le monde de fondre la monnaie ; c'est ce que le gouvernement ne peut également empêcher que par un seul moyen, savoir les punitions.

Mais la crainte des punitions ne prévaudra sur l'appât du gain que lorsque ce gain est peu considérable. On sait parfaitement que, lorsque la tentation est forte, la fabrication clandestine continue en dépit de tous les efforts du gouvernement. Comme la fonte est un procédé plus simple que celui de la fabrication de la monnaie, et peut être pratiquée plus secrètement, on y aura recours plus souvent et avec l'espérance d'un moindre profit.

Il est donc prouvé, 1° que la quantité de monnaie est naturellement réglée dans tous les pays par la valeur, ou, en d'autres termes, par les frais de production des métaux dont elle est composée; 2° que le gouvernement peut, par des moyens artificiels, réduire la quantité de monnaie au-dessous, mais très-peu au-dessous, de celle où elle arriverait naturellement; 3° qu'il peut également, mais dans une proportion encore moindre, l'élever au-dessus de ce point.

Quand le gouvernement réduit la quantité de monnaie au-dessous de celle où elle arriverait naturellement, c'est-à-dire lorsqu'il élève la valeur du métal monnayé au-dessus de celle du métal en lingot, il impose en réalité un *seigneuriage* *. Dans la pratique, l'établissement de cette espèce d'impôt a lieu par une émission de pièces de monnaie qui contiennent un peu moins que la quantité de métal qu'elles sont censées contenir. En fabricant la monnaie de cette manière, le gouvernement fait un profit égal à la différence entre la valeur du métal

* Vieux mot qui désigne le droit qu'un souverain perçoit sur la fabrication des monnaies.

monnayé et celle du métal en lingot. Supposons cette différence de cinq pour cent; le gouvernement achète des lingots au prix courant,
et les convertit en pièces de monnaie dont la
valeur excède de cinq pour cent celle des
lingots. La monnaie toutefois ne conservera
cette valeur que dans le cas où, comme nous
l'avons vu dans la section précédente, sa quantité se trouve limitée. Pour que la quantité de
monnaie puisse être limitée, il est nécessaire
que le *seigneuriage* ne soit pas assez fort pour
compenser les risques de la contrefaçon, c'est-
à-dire qu'il ne doit pas excéder de beaucoup
les frais de fabrication.

SECTION IX.

DES SIGNES REPRÉSENTATIFS DE LA MONNAIE.

Le seul des signes représentatifs de la monnaie qui soit d'une assez grande importance
pour exiger quelque explication dans cet abrégé
de la science, est cette espèce d'obligation
écrite (ou promesse de payer une somme de
monnaie) qui a reçu le nom de papier-monnaie.

L'usage de cette espèce d'obligation, pour
remplacer la monnaie, paraît avoir pris naissance lors de l'invention des lettres de change,
invention attribuée aux Juifs dans les siècles de
la barbarie et de la féodalité.

Lorsque deux pays, tels que l'Angleterre et
la Hollande, trafiquaient l'un avec l'autre, et
que l'Angleterre importait des marchandises
de Hollande, et la Hollande des marchandises
anglaises, une question s'élevait aussitôt, savoir comment s'effectuerait réciproquement
le paiement de ces marchandises. Si l'Angle-

terre se trouvait dans la nécessité d'envoyer de l'or et de l'argent pour payer les marchandises qu'elle avait fait venir de la Hollande, il en résultait pour elle une dépense considérable. Si la Hollande, de son côté, était obligée d'envoyer de l'or et de l'argent en Angleterre, elle éprouvait le même inconvénient. Il était évident néanmoins que, si deux individus se devaient l'un à l'autre cent livres sterling, au lieu que le premier prît la peine de compter cent livres à l'autre, et que celui-ci prît à son tour la peine de compter cent livres au premier, tout ce qu'ils avaient à faire était d'échanger leurs obligations. Le cas était le même entre l'Angleterre et la Hollande. Si l'Angleterre avait un million sterling à payer à la Hollande, et une pareille somme à recevoir de ce pays, au lieu d'envoyer son argent en Hollande, elle s'en épargnait la peine et la dépense en assignant à ses créanciers hollandais la somme qui lui était due en Hollande ; de leur côté, les marchands hollandais qui devaient de l'argent à l'Angleterre, et qui auraient eu à en supporter les frais de transport, se trouvaient très-contens de pouvoir s'épargner cette dépense, en obéissant à un ordre de payer en Hollande ce qu'ils devaient à des marchands en Angleterre. Un tel ordre reçut le nom de lettre de change. Le marchand anglais écrivit au marchand hollandais qui lui devait de l'argent : « Payez telle ou telle somme à telle ou telle personne ; » et cela s'appela tirer sur quelqu'un. Les marchands hollandais agirent de la même manière vis-à-vis de leurs débiteurs et de leurs créanciers en Angleterre, c'est-à-dire qu'ils tirèrent sur les premiers, et invitèrent les autres à tirer sur eux. Quand il arrivait que les sommes que se devaient réciproquement les deux pays étaient égales, les paiemens se balançaient, et chaque pays soldait les marchandises qu'il avait reçues, sans avoir à supporter la dépense d'un envoi d'argent. Dans le cas où il arrivait que l'un des deux pays devait plus qu'il n'avait à recevoir, il n'avait que la différence à solder en argent, et était débarrassé de tous autres frais.

On retira donc un avantage très-considérable de l'invention et de l'emploi des lettres de change. Une nécessité plus forte encore obligea d'y avoir recours à l'époque de leur invention, parce que la politique peu éclairée de ces temps d'ignorance prohibait l'exportation des métaux précieux, et punissait avec la plus grande sévérité toute infraction à cette loi barbare.

Les lettres de change servirent non-seulement à payer les dettes de pays à pays, mais encore à tenir lieu de la monnaie dans le pays où on les envoyait. Lorsqu'on tirait une lettre de change payable à une certaine époque, si le marchand à qui elle était adressée avait une dette à payer, ou un achat à faire, sans posséder l'argent nécessaire, il payait avec la lettre de change au lieu d'argent. Une de ces lettres passait souvent dans un grand nombre de mains, et servait à effectuer quantité de paiemens avant d'être finalement acquittée par la personne sur qui elle était tirée. Dans ce cas, elle remplissait précisément les fonctions de *papier-monnaie*, et ouvrait la voie à un emploi plus étendu de cet important moyen de circulation.

Aussitôt qu'il fut reconnu que l'obligation signée par un marchand de payer une somme de monnaie pouvait, d'après l'assurance que cette somme devrait être payée à jour fixe, être considérée comme ayant une valeur égale à celle de la monnaie elle-même, et qu'elle était reçue sans difficulté dans les différentes bourses comme la monnaie, il en résulta un motif suffisant pour étendre l'usage de ce signe représentatif de la monnaie. Les personnes qui avaient coutume de remplir les fonctions de banquier en gardant l'argent des particuliers, et en échangeant les unes contre les autres les monnaies des différens pays, furent les premières qui mirent en circulation des promesses de payer certaines sommes de monnaie, dans l'espoir qu'elles pourraient remplacer l'argent dans les opérations de commerce. Dès que l'on a commencé à se servir d'un tel signe représentatif de la monnaie, il ne faut plus que la liberté et la confiance du public pour faire que l'usage du papier remplace celui des métaux précieux, et soit employé presque exclusivement comme moyen d'échange.

Il reste à rechercher quels sont les avantages qu'on retire de l'emploi de ce signe représentatif de la monnaie, et quels sont les inconvéniens auxquels il est sujet.

SECTION X.

DES AVANTAGES QU'ON RETIRE DE L'USAGE DU PAPIER-MONNAIE.

LES métaux précieux qui sont nécessaires pour remplir les fonctions de moyen d'échange s'achètent avec les produits du pays. Les produits de la terre et ceux des manufactures s'exportent; et au lieu d'importer d'autres produits utiles à la consommation, l'on importe de l'or et de l'argent pour servir de moyen d'échange. La valeur de l'or et de l'argent, lorsqu'on les emploie seuls comme moyen d'échange, est partout en proportion avec le produit annuel du pays ; mais cette valeur est proportionnellement plus grande dans les pays peu avancés dans l'art des échanges. Si chaque pièce peut être censée faire cent achats dans le courant d'une année, la valeur de toute la monnaie est égale à la centième partie du produit annuel. Dans les pays où la monnaie ne passe pas rapidement de main en main, sa valeur peut être égale au dixième du produit annuel.

Il est évident que, quelque portion que ce soit des richesses nationales qu'on emploie à fournir l'instrument des échanges, elle est tout-à-fait morte pour la production. Rien ne produit, excepté les instrumens immédiats de production, tels que la nourriture de l'ouvrier, les outils ou les machines avec lesquels il travaille, et les matières premières qu'il façonne. Il s'ensuit donc que si la portion des richesses nationales employée à fournir l'instrument des échanges, qu'elle soit la dixième ou la centième partie du produit annuel, pouvait être détournée de cet emploi et convertie en subsistances, en outils et en matières premières, la puissance productive du pays en recevrait un accroissement proportionné.

Si l'on considère que le produit annuel est égal non-seulement à tout le revenu net du pays, mais encore à tout le capital, excepté la portion comparativement petite qu'on nomme capital fixe ou engagé, il est facile de voir quelle immense addition l'on fait aux moyens de production en substituant aux métaux précieux un autre signe pour servir de moyen d'échange.

Le papier, d'ailleurs, est beaucoup plus commode pour remplir ces fonctions. Une somme considérable en or ou en argent est embarrassante. Lorsqu'on fait des échanges d'une grande valeur, l'opération seule de compter l'or et l'argent est fastidieuse. Par le moyen d'un billet de banque, la plus forte somme est aussitôt payée que la plus petite.

SECTION XI.

DES INCONVÉNIENS AUXQUELS EST SUJET L'USAGE DU PAPIER-MONNAIE.

On peut considérer les inconvéniens auxquels est sujet l'usage du papier-monnaie comme étant de trois sortes :

1° Le manque des personnes par qui le papier est émis à remplir leurs engagemens ;

2° Les faux ;

3° L'altération du cours.

En premier lieu, la faillite des personnes par qui le papier a été émis est un mal contre lequel, avec de bonnes institutions, l'on obtient promptement les plus fortes garanties.

Si on laissait le champ libre à la concurrence, et si on ne limitait aucunement le nombre des associés qui pourraient se réunir pour créer une banque, l'émission des billets se trouverait naturellement placée sur un pied qui rendrait le papier-monnaie très-sûr.

Le nombre des banques, comme de raison, augmenterait, et aucune d'entre elles ne pourrait remplir de ses billets plus qu'un district d'une certaine étendue.

Comme, dans le cas où les associés seraient nombreux, chacun d'eux aurait peu de risques à courir, que les profits seraient bien assurés, et qu'on sentirait l'importance d'avoir un bon moyen de circulation, ce seraient autant de motifs pour engager les principaux habitans du district à prendre des actions dans la banque locale, circonstance qui ajouterait beaucoup à la sécurité du public.

Avec une semblable concurrence, toute banque d'un crédit douteux chercherait en vain à introduire ses billets dans la circulation. L'intérêt tiendrait l'attention suffisamment éveillée à cet égard; et partout où l'instruction est assez répandue et la presse libre, il ne manque pas de moyens d'amener les plus ignorans à de saines conclusions. On peut s'en fier au peuple pour repousser les billets de banquiers suspects, lorsqu'il peut avoir ceux de personnes en qui il a confiance.

On obtient un autre avantage du grand nombre des banques, chacune fournissant, sous la sauvegarde de la liberté et de la concurrence, à la circulation d'un district limité ; c'est que si l'une de ces banques vient à manquer, le mal est borné, et ne cause qu'un faible dommage à la communauté.

D'un autre côté, l'intérêt qu'ont des banques nombreuses à se supplanter les unes les autres met les directeurs de ces établissemens aux aguets pour découvrir tout symptôme d'embarras de la part de leurs rivaux, et les excite à le dévoiler, tandis que la certitude que chacun a d'être surveillé le rend soigneux d'éviter toute faute qui pourrait tendre à lui faire perdre une portion de son crédit.

En Écosse, où les banques sont à peu près placées dans cette position désirable, et où le papier-monnaie a tout d'un coup rempli les canaux de la circulation, long-temps avant la suspension des paiemens en numéraire à la banque d'Angleterre, il y a eu peu de faillites parmi les nombreuses banques qui ont émis du papier, nonobstant toutes les fluctuations dans la valeur de la monnaie causées par la suspension dont nous venons de parler, et les coups qu'elles portèrent au crédit.

Telles sont les garanties que l'intérêt et l'intelligence des particuliers peuvent donner sans l'intervention de la législature. Parmi les garanties qui peuvent provenir de la législature, les deux suivantes sont celles qui se présentent les premières.

On pourrait obliger chaque banque de transmettre à quelque agent du gouvernement deux états mensuels, l'un faisant connaître le montant de ses billets, et l'autre les sûretés qu'elle a prises pour faire face à toutes les demandes auxquelles elle est exposée ; et les autorités compétentes pourraient être investies du pouvoir de prendre les mesures nécessaires pour donner au public des garanties convenables lorsqu'elles paraîtraient manquer.

Comme l'émission des billets de banque donne de grands profits, dans des circonstances favorables, il est désirable que le bénéfice qui en résulte, s'il n'est pas accompagné de quelque mal plus grand, revienne au public. On doit remarquer que le profit qui consiste dans l'intérêt des sommes portées sur les billets est tout-à-fait différent de l'autre bénéfice, ou, pour mieux dire, de l'avantage résultant de la conversion d'un moyen d'échange coûteux en instrumens de production.

L'émission des billets est du petit nombre des affaires qu'il convient à un gouvernement de diriger; affaire qu'on peut réduire à une stricte routine, et qui dépend d'un petit nombre de règles claires et précises. Comme, dans ce cas, le public serait son propre banquier, et ne pourrait manquer à se payer lui-même, les malheurs provenant de la banqueroute de ceux qui émettent les billets ne pourraient arriver. Le peuple fournirait les fonds pour remplir les engagemens, et le peuple retirerait ensuite ces fonds. L'économie politique ne prévoit pas le mauvais usage ou la dissipation des fonds fournis par le peuple. Les cas de banqueroute nationale et de non-remboursement d'un papier émis par le gouvernement, qui ont ruiné le peuple de divers pays, ont tous été des cas où le grand nombre a été pillé au profit de quelques-uns. Lorsque le peuple en masse doit recevoir un paiement dont le peuple en masse fait les fonds, il serait absurde de parler de ses pertes par une banqueroute.

Les chances de malheurs résultant du défaut de remboursement des obligations contractées par l'émission d'un papier-monnaie, peuvent donc être assez diminuées pour ne pas former une objection valable contre un système dont les avantages sont si grands et si incontestables. Il y a néanmoins des personnes qui disent que si, dans les temps où règnent le calme et le bon ordre, les avantages qu'on retire de la circulation d'un papier-monnaie surpassent infiniment les chances malheureuses qu'elle présente, le cas est très-différent dans les temps de guerre civile ou d'invasion étrangère.

La guerre civile et l'invasion étrangère sont des mots qui font naître des idées vagues de danger, et les idées de ce genre ne sont que trop capables d'exercer une pernicieuse influence sur le jugement.

D'abord, dans l'état avancé où se trouve aujourd'hui la civilisation, il y a dans tout pays ayant un bon gouvernement et une population considérable, si peu de chances de guerre civile ou d'invasion étrangère, qu'en recherchant les moyens propres à assurer la félicité nationale, on ne doit guère tenir compte de ces événemens. Adopter une manière d'agir désavantageuse dans tous les temps, excepté ceux de guerre civile et d'invasion étrangère, uniquement parce qu'elle serait bonne dans ces occasions, serait aussi absurde que de vouloir, en médecine, soumettre continuellement les hommes au régime qui convient pendant une maladie violente. Si les avantages qui résultent de l'usage du papier-monnaie sont tels qu'on en puisse jouir, sans diminution considérable, dans tous les temps, excepté ceux de guerre civile et d'invasion étrangère, l'utilité du papier-monnaie est suffisamment démontrée.

Pour nous préserver de la *délusion* que les idées vagues de danger sont propres à faire naître, il est à propos de rechercher quels sont les maux précis qui peuvent provenir de l'exis-

tence d'un papier-monnaie dans ces circonstances rares et extraordinaires.

Une guerre civile, de même qu'une invasion
étrangère, est suivie d'un grand désordre dans la
circulation lorsque le moyen d'échange se compose d'or et d'argent. A de semblables époques,
il règne une disposition générale à thésauriser.
Une portion considérable du moyen d'échange
se trouve retirée de la circulation, et l'on
ressent immédiatement tous les maux résultant de la rareté du numéraire : le prix des
denrées baisse, la valeur de l'argent hausse ;
ceux qui ont du numéraire à vendre, et ceux
qui ont des dettes à payer, éprouvent des
pertes, et la misère se répand de tous côtés.

La communauté serait en grande partie pré-
servée des funestes conséquences de la thésau-
risation par l'existence d'un papier-monnaie ;
et beaucoup de motifs nous portent à conclure que celles qui résultent d'une diminution
de crédit seraient très-peu à craindre.

Si l'émission du papier avait été faite par
un gouvernement digne de la confiance du
peuple, une invasion étrangère, qui concen-

trerait toutes les affections du peuple sur ce gouvernement, ne détruirait pas le crédit de ses billets.

Il ne serait pas de l'intérêt des envahisseurs de détruire ce crédit, même dans la partie du pays occupée par eux, parce qu'il ne serait pas de leur intérêt de diminuer sa puissance productive.

Personne ne perdrait en définitive, parce que, dans le cas même où la circulation des billets du gouvernement serait arrêtée dans les districts occupés par l'ennemi, ils recouvreraient leur valeur au moment où l'ennemi serait expulsé.

Les effets ne seraient pas très-différens, si la circulation était alimentée par un système bien organisé de banques particulières. Il serait de l'intérêt de tous les partis, dans le cas de guerre civile, de maintenir le crédit du moyen de circulation ; il serait aussi de l'intérêt de l'ennemi, dans le cas d'une invasion, de le maintenir dans les districts qu'il occuperait. Au pis aller, il ne pourrait arrêter la circulation que pour un temps ; car, après son expulsion, les billets seraient rachetés par les personnes responsables qui les auraient émis, ou, si elles avaient perdu leur fortune par les dévastations de l'ennemi, cette opération se ferait avec les indemnités que le gouvernement leur accorderait.

Il n'est pas probable, même dans une guerre civile, qu'un papier-monnaie dont le cours serait bien établi éprouvât un discrédit considérable. Le pays se trouve alors divisé entre les deux partis en portions approchant plus ou moins de l'égalité. Il est évident qu'il n'est pas de l'intérêt du gouvernement, dans la partie du pays qu'il occupe, de *discréditer* le papier-monnaie, soit que lui-même l'ait émis, soit qu'il l'ait été par des banquiers. Il est aussi peu de l'intérêt du parti opposé de faire quelque chose qui puisse troubler la régularité des transactions dans la partie du pays qu'il gouverne, et d'où il tire tous ses moyens pour lutter contre ses adversaires. Si le moyen de circulation consiste en billets émis par des banquiers établis dans cette portion du pays, il est doublement de l'intérêt du parti de les maintenir en crédit. Il est de son intérêt d'en agir de la sorte quand ce seraient même des billets du gouvernement; car à qui porterait-il préjudice, si ce n'est aux porteurs de ces billets, c'est-à-dire aux habitans auxquels il commande? Quelles affaires arrêterait-il par le manque d'un moyen de circulation, si ce n'est celles de la portion du peuple dont les ressources et l'affection font toute sa force? En protégeant le papier du gouvernement, il se l'approprie en réalité.

L'expérience est en faveur de toutes ces conclusions, puisqu'on a vu maintefois que la présence d'armées ennemies, et même des commotions intérieures, ont fait peu de tort à un papier-monnaie dont la valeur n'était que médiocrement garantie.

En second lieu, les faux auxquels les billets se trouvent exposés sont un mal du même genre que la contrefaçon à l'égard de la monnaie. Bien que ce soit un très-grand mal, sous un système aussi imparfait que celui qui repose sur l'existence d'un grand établissement ayant le monopole, comme par exemple la banque d'Angleterre, sous le système que nous venons d'examiner il serait peu considérable. Lorsqu'une grande banque alimente la circulation dans la majeure partie du pays, il y a lieu à la circulation d'une certaine quantité de billets faux, et il existe un motif pour les contrefaire à grands frais et en courant de grands risques ; mais si chaque banque n'alimentait qu'un district peu étendu, il n'y aurait qu'un petit nombre de billets faux qui pourraient entrer en circulation. D'un autre côté, les directeurs des banques établies d'après le principe utile de la concurrence auraient peur de discréditer leurs billets, et de faire que le peuple n'osât plus en prendre, s'ils refusaient le paiement de ceux qui sont faux ; ils préfèrent les payer sans rien dire, et s'appliquer de tous leurs moyens à découvrir les auteurs de ces faux, et à empêcher que les billets contrefaits ne se multiplient. De cette manière le peuple est exempt de perte ; et si les banquiers en supportent volontairement une, ce n'est que parce qu'ils trouvent moyen de s'indemniser.

Le dernier des trois inconvéniens auxquels est sujet l'usage du papier-monnaie est une altération du cours.

Cette altération est toujours un acte du gouvernement, et n'est pas particulière au papier-monnaie.

Nous avons déjà vu que la valeur d'un moyen d'échange métallique est déterminée par celle du métal qu'il contient ; par conséquent celle d'un papier-monnaie, échangeable à volonté pour du métal monnayé ou en lingots, est également déterminée par celle du métal qu'on peut obtenir en échange. La raison en est évidente : si le papier se trouvait, à une époque quelconque, réduit au-dessous de la valeur du métal, toute personne qui aurait en sa possession un billet de banque, ou la chose ayant le moins de valeur, demanderait en échange celle qui en a davantage, c'est-à-dire le métal. Si les billets emportaient promesse, comme en Angleterre, de payer une once d'or pour 3 liv. 17 s. 10 d. et demi sterling en papier, du moment que 3 liv. 17 s. 10 d. et demi auraient moins de valeur qu'une once d'or, ou, pour parler le langage ordinaire, du moment que l'or s'élèverait au-dessus de la valeur nominale des espèces monnayées, il serait de l'intérêt des porteurs de billets de demander de l'or en échange.

Mais, dans ce cas, il serait de l'intérêt de ceux qui ont émis les billets d'en faire hausser la valeur, en en réduisant la quantité. S'ils cherchaient à en maintenir une grande quantité en circulation, ils seraient condamnés à émettre et à retirer perpétuellement, parce que tout homme qui deviendrait possesseur de quelques-uns de leurs billets, aurait intérêt à les leur rapporter pour être échangés contre de l'or ; et, dans chacun de ces cas, ils éprouveraient une perte : ils émettraient les billets au taux de 3 liv. 17 s. 10 d. et demi, c'est-à-dire qu'ils recevraient une valeur de 3 liv. 17 s. 10 d. et demi en les émettant ; mais quand ils les recevraient et seraient obligés de les rembourser en or, ils devraient donner une valeur plus grande que 3 liv. 17 s. 10 d. et demi. Supposons que la valeur de l'once d'or se soit élevée à 4 liv., ils auraient à recevoir, en émettant leurs billets, une valeur de 3 l. 17 s. 10 d. et demi, et quand on les leur rapporterait, ils auraient à payer une valeur de 4 liv.; ils feraient par conséquent une perte égale à la différence entre ces deux sommes.

Il est donc de l'intérêt des banquiers et des porteurs de billets de ne pas laisser tomber les billets au-dessous de la valeur des métaux ; et il est évident que les premiers n'ont pas d'intérêt à diminuer la quantité de leurs billets au delà de ce qui est nécessaire pour leur conserver une valeur égale à celle des métaux, parce que plus ils en émettent, et plus ils gagnent. S'il n'y avait pas de monnaie métallique en circulation, bien que les banquiers réduisissent la quantité de leurs billets, et parvinssent de la sorte à en élever la valeur, ils ne tireraient aucun profit de cette opération. Si avec 2 liv. 10 s. de leurs billets lors de l'émission, ils pouvaient acheter une once d'or, ils ne pourraient pas ensuite revendre cet or pour une plus forte somme en papier.

Dans le cas où il existe une monnaie métallique, le gouvernement ne peut en réduire la valeur qu'en diminuant la quantité de métaux précieux qui entre dans la composition des espèces; autrement, dès que cette valeur se trouverait assez réduite pour qu'il y eût de l'avantage à fondre les espèces, elles disparaîtraient aussitôt leur émission. Dans le cas d'un papier-monnaie, il suffit au gouvernement de suspendre l'obligation de rembourser les billets en espèces métalliques, lorsque la masse du papier s'est trop accrue, pour en réduire la valeur dans une proportion quelconque.

11.

Le papier-monnaie peut être émis sans obligation de le rembourser, de deux manières : ou le gouvernement fait l'émission et donne un cours légal à son papier sans obligation de le rembourser en valeurs métalliques, ou l'émission du papier-monnaie est faite et réglée par un grand établissement comme la banque d'Angleterre, et le gouvernement suspend l'obligation où était cette banque de rembourser ses billets.

Les effets de l'accroissement en quantité, et par conséquent de la diminution en valeur du moyen de circulation dans un pays quelconque, sont au nombre de deux : 1° une hausse dans les prix de toutes les denrées ou marchandises ; 2° une perte pour toutes les personnes qui avaient droit de recevoir une certaine somme de monnaie dans sa valeur ancienne et non réduite.

Par le mot *prix* nous entendons toujours la quantité de monnaie donnée en échange de quelque autre article ; il est évident qu'une altération dans la valeur de la monnaie n'altère en rien la valeur relative des autres objets d'échange. Tous ces objets, le pain, le drap, les souliers, etc., gagnent en valeur, comparativement à la monnaie ; mais aucun d'eux ne gagne en valeur par rapport aux autres.

Cette différence dans les prix n'est, en elle-même, d'aucune conséquence pour personne. L'homme qui a des marchandises à vendre reçoit, à la vérité, plus de monnaie en échange ; mais cette monnaie lui procure tout juste la même quantité de denrées qu'il pouvait acheter pour le prix ancien de ces marchandises. L'homme qui a des marchandises à acheter donne plus d'argent pour les avoir ; mais il est à même de le faire, parce qu'il en reçoit plus, dans la même proportion, pour les objets qu'il vend.

Quant au second effet produit par la diminution dans la valeur de la monnaie, il faut observer qu'il existe en tout temps dans les pays civilisés, une certaine quantité d'obligations de payer certaines sommes de monnaie à des individus, soit tout d'un coup, comme les dettes, soit successivement, comme les rentes. Il est très-clair que l'homme qui a traité avec un autre pour recevoir 100 livres sterling, éprouve une perte quand l'argent a baissé en valeur, et qu'il ne reçoit pas plus de 100 livres. Il est également clair que celui qui paie cette somme fait un profit égal à la perte du premier ; le contraire a lieu quand la valeur de l'argent a augmenté. Dans ce cas, l'homme qui paie éprouve la perte, et celui à qui l'on paie obtient le profit. Ces pertes sont de très-grands malheurs en ce qui touche aux sentimens et au bonheur des hommes ; et elles supposent une énorme violation des règles conservatrices de ce bonheur, qui sont comprises sous la dénomination de justice. Il n'y a toutefois pas destruction, ni par conséquent perte d'aucune portion des richesses nationales.

M. Hume pense que certains autres effets sont le résultat d'une augmentation de la quantité de monnaie. Quand cette augmentation commence, dit-il, des individus en plus ou moins grand nombre vont au marché avec de plus fortes sommes, par conséquent ils offrent des prix plus élevés ; la hausse des prix encourage les producteurs à déployer plus d'activité et d'industrie, et un accroissement de production en est la conséquence.

Cette doctrine suppose un manque d'idées claires touchant la production. Les agens de la production sont les produits eux-mêmes, et non leur prix. Ce sont les subsistances des ouvriers, les outils et les machines qui aident leur travail et les matières brutes qu'ils façonnent. La quantité de ces objets n'augmente pas avec celle de la monnaie, comment donc y aurait-il un accroissement de production ? Ceci démontre que M. Hume est arrivé à une conclusion erronée. Il peut être utile de faire connaître l'erreur de son raisonnement.

L'homme qui le premier va au marché avec plus de monnaie qu'auparavant, fait hausser le prix des denrées et marchandises qu'il achète, ou il ne le fait pas.

S'il ne le fait pas, il ne donne aucun nouvel encouragement à la production. Il faut donc supposer qu'il fait hausser les prix ; mais à mesure que les prix haussent, la valeur de la monnaie baisse ; il ne donne donc aucun nouvel encouragement à la production.

On insistera peut-être, et l'on dira que l'homme qui le premier va au marché avec une plus grande quantité de monnaie, fait hausser le prix des marchandises qu'il achète; que les producteurs de ces marchandises sont encouragés à déployer plus d'activité, parce que le prix des autres objets, et particulièrement de tous ceux qu'ils ont besoin d'acheter, n'a pas haussé; mais on n'est pas autorisé à dire cela. L'homme qui est venu le premier avec une plus grande quantité de monnaie au marché, pour acheter les marchandises de certains producteurs, a fait hausser le prix de ces marchandises. Et pourquoi? parce qu'il est venu avec une plus grande quantité de monnaie. Ces producteurs vont à leur tour au marché pour acheter une autre espèce de marchandises, et ils y vont avec une plus grande quantité de monnaie; ils font par conséquent hausser le prix de ces marchandises. La hausse dans les prix s'opère ainsi successivement. Toutes les marchandises pour lesquelles on n'a pas encore été à même d'offrir une plus grande quantité de monnaie conservent leur prix; mais dès qu'on se présente pour les acheter avec une plus forte somme, leur prix hausse proportionnellement.

L'ensemble des opérations commerciales

d'un pays peut être considéré comme divisé entre un grand nombre de petits marchés situés, l'un dans un lieu, et l'autre dans un autre lieu, et chacun d'entre eux destiné au commerce d'une sorte de produits, et la monnaie par conséquent, répartie proportionnellement entre eux. Dans l'état ordinaire des choses, il arrive à chacun de ces marchés, d'un côté une certaine quantité de marchandises, et de l'autre une certaine quantité de monnaie, pour être échangées l'une contre l'autre. Partout où une augmentation a lieu dans la quantité de marchandises, sans qu'il y ait aucune augmentation dans la quantité de monnaie, les prix baissent nécessairement dans la proportion exacte de l'augmentation qui a eu lieu. Si ceci n'est pas déjà assez clair pour tous les esprits, on peut le rendre encore plus évident au moyen d'un exemple. Supposons que le marché soit très-peu fréquenté, et qu'on n'y apporte que du pain d'un côté, et de l'argent de l'autre ; supposons, en outre, que la situation ordinaire du marché présente cent pains d'un côté, et cent shillings de l'autre : le prix du pain sera en conséquence d'un shilling par pain. Supposons que tout d'un coup la quantité de pains double et arrive jusqu'à deux cents, tandis que la quantité de monnaie reste la même ; il est évident que le prix du pain doit baisser de moitié, c'est-à-dire qu'il descend à six *pence* le pain. On ne serait pas fondé à dire que le pain ne se vendrait pas et qu'on le remporterait. Si on le remporte sans le vendre, c'est la même chose que si on ne l'avait pas apporté au marché. Personne ne conteste ces conclusions relativement à une augmentation dans la quantité des marchandises. N'est-il pas évident alors, que les mêmes conclusions sont vraies par rapport à un accroissement dans la quantité de la marchandise qui s'échange contre les autres, c'est-à-dire la monnaie ?

Toutes les conséquences qui résultent de l'altération de la valeur de la monnaie, soit qu'on la fasse hausser, ou qu'on la fasse baisser, sont donc pernicieuses. Il n'y a toutefois aucune garantie contre cette altération, puisque c'est un acte du gouvernement, excepté ce qui forme la seule garantie contre les méfaits d'un gouvernement, sa dépendance du peuple. L'obligation de rembourser les billets en espèces est une garantie, quand les billets sont émis à volonté par des banquiers privés.

S'ils étaient émis par un gouvernement strictement responsable envers le peuple , cette
obligation ne serait pas indispensable ; car ,
dans ce cas , l'avantage de maintenir l'or au
prix de la monnaie, ou , en d'autres termes ,
de conserver au moyen de circulation la même
valeur que s'il était métallique , serait si clairement compris, qu'il n'y aurait pas à craindre (parce que ce ne serait pas leur intérêt)
que les personnes investies des pouvoirs du
gouvernement laissassent varier cette valeur.

Nous avons déjà vu , en traitant des propriétés qui durent faire choisir les métaux
précieux pour intermédiaire des échanges ,
qu'ils étaient moins qu'aucune autre marchandise sujets à des fluctuations de valeur. Ils ne
sont toutefois pas exempts de changemens ,
les uns temporaires , et les autres permanens.
Les changemens permanens ont lieu , conformément aux principes que nous avons déjà
expliqués, par l'effet d'un changement dans
le montant des frais nécessaires pour se procurer les métaux précieux. Le plus grand changement de cette nature dont l'histoire fasse
mention , est celui qui eut lieu lors de la découverte des mines de l'Amérique, mines d'où.

avec la même quantité de travail, on tire une plus grande quantité de métaux précieux. Les changemens temporaires ont lieu, comme les changemens permanens, dans la valeur des autres marchandises, par une altération dans la balance de la demande et de l'offre. Pour payer des troupes employées en pays étranger, ou des subsides à divers gouvernemens, ainsi que pour d'autres opérations, on achète souvent une grande quantité d'or ou d'argent qu'on envoie hors du pays. Le prix de l'argent hausse alors jusqu'à ce que la balance soit rétablie par l'importation. Le profit qui peut en résulter fournit sur-le-champ un motif pour rétablir la balance. Dans l'intervalle, on peut tirer un autre avantage d'un papier-monnaie non remboursable immédiatement en espèces métalliques. S'il est remboursable, on demandera de l'or en échange, la quantité de papier diminuera, et la valeur augmentera de droit ; si le papier n'est pas remboursable, il peut être maintenu à la même valeur qu'auparavant. Il est vrai que ceci peut rarement se faire, et qu'on ne saurait appliquer le remède en toute sûreté, à moins que le moyen de circulation ne soit composé en entier de papier-monnaie, et que le gouvernement n'en ait l'émission. Dans ce cas, ainsi qu'on pourrait s'en convaincre, la stabilité dans la quantité du papier, serait un indice suffisant et une assez bonne garantie. Si le prix de l'or s'élevait subitement au-dessus du prix de la monnaie, ou, en d'autres termes, au-dessus de la valeur nominale des billets de banque, sans aucune altération dans la quantité de papier, la stabilité dans la quantité de papier serait un indice suffisant que la hausse en question est due à une absorption subite de l'or, qui au bout d'un certain temps rentrerait dans la circulation. Si, dans de telles circonstances, l'obligation de maintenir la valeur du papier égale à celle de l'or était suspendue pour un temps, on trouverait une garantie suffisante contre toute altération considérable de la valeur du moyen de circulation, dans l'obligation de maintenir la quantité telle qu'elle est; parce que, durant un court espace de temps, il ne peut y avoir une diminution ou une augmentation assez grande de la quantité d'opérations à faire avec le moyen de circulation, pour amener une altération un peu considérable dans sa valeur.

SECTION XII.

LA VALEUR DES MÉTAUX PRÉCIEUX DÉTERMINE SI UN
PAYS DOIT EXPORTER OU IMPORTER.

LA monnaie métallique, ou, plus généralement parlant, les métaux précieux, ne sont rien autre chose, à la rigueur et de leur nature, que la marchandise qui est le plus généralement achetée et vendue par les particuliers et par les nations.

Dans le langage ordinaire, il est immédiatement reconnu que l'on ne peut exporter que les marchandises qui sont moins chères dans le pays d'où elles proviennent que dans le pays où elles vont ; et qu'on ne peut importer que celles qui sont plus chères dans le pays où elles arrivent que dans le pays d'où on les a expédiées.

D'après cette proposition, si l'or est moins cher dans un pays, en Angleterre, par exemple, que dans les autres, on exportera de l'or de l'Angleterre; tandis que si l'or est plus cher en Angleterre que dans les autres pays, on importera de l'or en Angleterre. Mais, par la seule force des mots, il est clair que dans un pays où l'or est à bon marché, les autres marchandises sont chères. L'or est à bon marché quand il en faut une plus grande quantité pour acheter des marchandises; et les marchandises sont chères, par la même raison, quand il faut une plus grande quantité d'or pour les acheter. Ainsi, quand la valeur de l'or sera faible en Angleterre, l'or sera exporté d'Angleterre, conformément au principe qui veut que toutes les marchandises, lorsqu'elles peuvent librement chercher un marché, aillent à l'endroit où elles sont chères. Mais comme le fait du bas prix de l'or suppose nécessairement le fait opposé, savoir, la cherté des marchandises, il s'ensuit que, quand on exporte de l'or, on doit exporter une moindre quantité d'autres marchandises; qu'aucune espèce de marchandise ne peut être exportée, si la valeur de l'or est assez basse pour élever leur prix à toutes au-dessus de celui des autres pays; et qu'on ne peut en exporter qu'une moindre quantité, si la valeur de l'or est réduite assez pour élever le prix de quelques-unes d'entre elles au-dessus de leur prix dans les autres pays.

Il est donc évident qu'un pays n'exportera des marchandises autres que des métaux précieux que lorsque la valeur de ces métaux sera élevée ; il est également évident qu'il n'importera que lorsque la valeur des métaux précieux sera basse. Ainsi, l'augmentation de la quantité des métaux précieux qui en diminue la valeur, diminue graduellement, et tend à anéantir la faculté d'exporter d'autres marchandises : la diminution de la quantité des métaux précieux qui en augmente la valeur, augmente, par la même raison, les motifs qui engagent à exporter d'autres marchandises, et, par conséquent, dans un état de liberté, la quantité qu'on en exporte.

SECTION XIII.

LA VALEUR DES MÉTAUX PRÉCIEUX (OU DU MOYEN D'ÉCHANGE) QUI DÉTERMINE L'EXPORTATION, N'EST PAS LA MÊME DANS TOUS LES PAYS.

QUAND nous parlons de la valeur des métaux précieux, nous entendons la quantité d'autres choses qu'on donne en échange.

Mais on sait très-bien que la monnaie a plus de valeur, c'est-à-dire opère l'achat d'une plus grande quantité de marchandises, non-seulement dans un pays que dans l'autre, mais même dans une partie que dans une autre du même pays.

Dans quelques-uns des cantons les plus reculés du pays de Galles, par exemple, la monnaie a beaucoup plus de valeur qu'à Londres. Dans le langage ordinaire, on dit que la vie est moins chère dans ces endroits, c'est-à-dire qu'on peut y acheter les denrées avec une moindre quantité de monnaie ; cet état de

choses est habituel, parce que l'argent n'a pas
de tendance à aller de Londres, où sa valeur
est basse, augmenter la quantité de celui qui se
trouve dans le pays de Galles, où sa valeur est
haute. Ce phénomène demande une explication.

Le fait est que le total d'une différence,
comme celle en question, qui demeure habi-
tuelle, et n'a pas de tendance à produire
un transit de métaux précieux, se réduit à des
frais de transports. Le blé, la viande de bou-
cherie, et d'autres objets que produit le pays
de Galles, y sont moins chers qu'à Londres,
parce que Londres tire ses approvisionnemens
de lieux situés à une certaine distance, et que
les prix d'achats sont augmentés des frais de
transports. Mais de même que certaines marchandises sont à meilleur marché dans le pays
de Galles qu'à Londres, il en est d'autres qui
sont moins chères à Londres que dans le pays
de Galles ; les objets manufacturés à Londres,
ou importés de l'étranger, par exemple, sont
dans ce dernier cas. De même que le blé et
les autres denrées qui viennent du pays de
Galles à Londres sont renchéris du montant
des frais de transport, d'autres objets envoyés
de Londres dans le pays de Galles y sont plus

chers de tout ce qu'il en a coûté pour les y transporter. Il est donc de fait que dans le pays de Galles certaines marchandises sont plus chères et d'autres moins chères qu'à Londres, mais que ces dernières sont des objets de première nécessité, et dont la consommation forme la principale partie des dépenses de tout individu; de plus, ce sont des articles dont le prix règle celui du travail, et tout ce qu'un homme a fait pour lui-même, il l'a fait à meilleur marché qu'il n'eût pu le faire à Londres. Enfin, les produits grossiers du pays de Galles coûtent plus de frais de transport à proportion de leur valeur que les belles marchandises qu'on y reçoit de Londres; par conséquent, le prix des premiers se trouve beaucoup plus augmenté à Londres que celui des autres dans le pays de Galles. La vie est donc plus chère à Londres que dans le pays de Galles, seulement parce que les habitans de Londres ont plus de frais de transport à payer. Si la valeur des métaux précieux dans le pays de Galles s'élevait tant soit peu au-dessus de la différence de ces frais, la possibilité de faire un profit égal à cette hausse fournirait immédiatement un motif pour envoyer les métaux dans le pays de Galles.

De deux parties du même pays, transportons notre examen à deux pays différens. La vie est plus chère, ou, en d'autres termes, la valeur des métaux est plus basse en Angleterre qu'en Pologne. La différence, ici, se réduit également à des frais de transport. Supposons que l'Angleterre reçoive une portion considérable de son approvisionnement en blé de la Pologne, et envoie dans ce pays la totalité ou la plus grande partie de ses beaux produits manufacturés, il est évident que le blé sera plus cher en Angleterre, mais que les beaux produits des manufactures anglaises seront plus chers en Pologne. Par la même raison qui (ainsi que nous venons de le dire) fait que l'argent a plus de valeur dans le pays de Galles qu'à Londres, il est aisé de voir que, dans le cas actuel, il en aura plus en Pologne qu'en Angleterre, c'est-à-dire que la valeur de l'or en Pologne sera plus forte qu'en Angleterre, tout juste de ce qu'il faudrait pour compenser les frais de transport que l'Angleterre supporte en plus. Du moment où l'or s'élèverait en Pologne à une valeur plus grande que celle-ci, il y aurait du profit à le faire passer en Angleterre.

SECTION XIV.

DE LA MANIÈRE DONT LES MÉTAUX SERVANT DE MOYEN D'ÉCHANGE SE DISTRIBUENT PARMI LES DIVERSES NATIONS DU GLOBE.

DANS le pays des mines, d'où l'or se répand dans tout le reste du monde, l'or existe en abondance relative. Comme une nouvelle quantité d'or est constamment ajoutée à la masse du métal qu'on possède déjà, la valeur relative de l'or, dans ce pays, a une tendance constante à baisser, ou, en d'autres termes, le prix des autres marchandises a une tendance constante à hausser. Aussitôt que certaines marchandises ont suffisamment haussé de prix pour mettre à même de les importer, elles arrivent du pays, quel qu'il soit, d'où, dépenses de production et frais de transport réunis, elles peuvent venir au meilleur marché, et l'or s'en va en échange.

Par l'effet de l'importation de l'or, dans le dernier pays, ce métal y acquiert une abondance relative, et le prix de tous les produits hausse. Quelques marchandises finissent par devenir si chères, qu'on peut trouver du profit à les importer d'un autre pays. Il en résulte, comme dans le cas précédent, que les marchandises arrivent et que l'or s'en va. Il n'est pas nécessaire de suivre l'opération plus loin : l'or se répand de cette manière de pays en pays en parcourant toute la chaîne du monde commercial.

Dans une section antérieure *, nous avons vu qu'il est de l'intérêt de deux nations d'échanger deux sortes de produits toutes les fois que les dépenses relatives de leur production sont différentes dans les deux pays. Si, par exemple, quatre *quarters* de blé et vingt *yards* de drap coûtent la même quantité de travail en Angleterre, mais non en Pologne, il est de l'intérêt des deux pays que l'un s'applique à produire du blé et l'autre du drap, pour échanger ces produits l'un contre l'autre.

Supposons que quatre *quarters* de blé et vingt *yards* de drap coûtent la même quantité

* Pages 113 et suivantes.

de travail en Angleterre, tandis qu'en Pologne vingt *yards* de drap coûtent deux fois autant de travail que quatre *quarters* de blé. Dans cet état de choses, le drap comparé au blé serait deux fois plus cher en Pologne qu'en Angleterre, ou, en d'autres termes, quatre *quarters* de blé, qui en Angleterre vaudraient autant que vingt *yards* de drap, n'en vaudraient pas plus de dix en Pologne. Par conséquent, si la Pologne faisait passer son blé en Angleterre; avec la quantité de travail qui produirait quatre *quarters* de blé ou dix *yards* de drap en Pologne, on en achèterait vingt *yards* en Angleterre. Pareillement, si l'Angleterre envoyait son drap en Pologne; avec la quantité de travail qui produirait vingt *yards* de drap, on n'obtiendrait pas seulement quatre *quarters* de blé (tout ce que cette quantité de travail eût pu produire en Angleterre), mais le double, c'est-à-dire huit *quarters*.

Tel serait l'intérêt qui porterait deux pays à faire un échange de leurs produits, en manière de troc et sans l'intermédiaire de l'argent. Nous avons supposé que les circonstances étaient telles en Pologne, que si elle s'appliquait à produire le blé et le drap pour sa consommation, quatre *quarters* de blé auraient la même valeur que dix *yards* de drap ; conséquemment, si elle faisait usage de monnaie, le prix de quatre *quarters* de blé et de dix *yards* de drap serait le même. En Angleterre, d'après la même supposition, les prix de quatre *quarters* de blé et de celui de vingt *yards* de drap seraient égaux. On peut supposer deux cas : le prix de l'une des marchandises, du blé, par exemple, est égal dans les deux pays, ou il ne l'est pas. L'explication d'un de ces cas suffira pour tous deux. Supposons donc que, dans les deux pays, le prix du blé est le même ; il s'ensuit que le prix d'une *yard* de drap doit être deux fois aussi grand en Pologne qu'en Angleterre. Dans cet état de choses, ce qui doit arriver est évident : le drap, qui est à bon marché en Angleterre, ira en Pologne, où il est cher, et là il se vendra pour de l'or, parce qu'il ne peut y avoir lieu à une contre-importation de blé, qui, par supposition, n'est pas plus cher en Angleterre qu'en Pologne.

Par le moyen de l'importation du drap anglais en Pologne, l'or quitte ce pays, et s'en va en Angleterre. La conséquence qui en résulte est que l'or devient plus abondant en

Angleterre et moins en Pologne. De cette première conséquence il en résulte une seconde ; savoir, que les prix haussent graduellement en Angleterre, et baissent de même en Pologne, c'est-à-dire que le prix du blé, par exemple, et par suite celui du drap, hausse en Angleterre et baisse en Pologne. Si, à l'époque où nous supposons que le trafic commence, le prix du blé, dans chacun des deux pays, est de quatre livres sterling *, le prix du drap étant, par conséquent, de huit shillings par *yard* en Pologne et de quatre shillings en Angleterre, l'échange supposé du drap contre de l'or élèvera graduellement en Angleterre le prix du blé au-dessus de quatre livres sterling par *quarter*, et l'abaissera en Pologne au-dessous de cette somme ; il élèvera pareillement le prix du drap en Angleterre au-dessus de quatre shillings par *yard*, et l'abaissera au-des-

---

* Il y a dans l'original 1 livre sterling, mais nous avons cru devoir y substituer 4 livres, pour approcher davantage de la réalité. En effet, 3 livres sterling est un prix si bas pour un *quarter* de blé, qu'il a été proposé dernièrement dans le parlement britannique de faire un fonds au moyen duquel le gouvernement puisse venir au secours des agriculteurs, chaque fois que le blé descendra à ce prix.

(*Note du Traducteur.*)

sous de huit shillings en Pologne. De cette manière , les prix du blé , dans les deux pays, s'écartent graduellement de l'égalité, et ceux du drap en approchent graduellement. A un certain terme de cette progression, le blé devient si cher en Angleterre et à si bon marché en Pologne , que la différence de prix peut payer les frais de transport. Dès ce moment, il y a lieu à l'importation du blé en Angleterre , et les prix se règlent de manière que le blé est plus cher en Angleterre qu'en Pologne du montant des frais de transport, et que le drap est plus cher en Pologne qu'en Angleterre du montant des frais de transport du drap d'un pays dans l'autre. A ce point , la valeur du drap importé dans l'un des deux pays, et celle du blé importé dans l'autre, se balancent ; l'échange est alors au pair , et l'or cesse de passer d'un pays dans l'autre.

L'examen approfondi des mêmes circonstances, fait voir en outre qu'aucune altération ne peut avoir lieu dans l'échange des marchandises entre les deux pays , sans qu'il en résulte une nouvelle distribution des métaux précieux, c'est-à-dire un changement dans la quantité relative qu'ils en possédaient auparavant.

Supposons qu'on fabrique en Angleterre un nouveau produit que la Pologne désire obtenir. On importe une certaine quantité de ce produit en Pologne, et elle ne peut-être payée qu'en or, parce que nous avons supposé qu'à cette époque le blé et le drap réciproquement importés se payaient l'un l'autre. Dans ce cas, comme dans celui que nous avons précédemment expliqué, le prix des marchandises commence bientôt à hausser en Angleterre et à baisser en Pologne. A mesure que cet effet a lieu, il en résulte un motif pour importer une plus grande quantité de marchandises polonaises en Angleterre, et une moindre quantité de marchandises anglaises en Pologne ; et à la fin la balance se rétablit de nouveau.

SECTION XV.

DES TRANSACTIONS PÉCUNIAIRES ENTRE LES NATIONS.
— DES LETTRES DE CHANGE.

LES monnaies des divers pays sont différentes, c'est-à-dire qu'elles consistent en portions de métal de quantités différentes et qui portent des noms différens. La livre sterling, par exemple, est la monnaie de l'Angleterre ; le *dollar* celle de certains autres pays ; la livre sterling contient une portion déterminée de métal, le *dollar* en contient une quantité moindre, et ainsi des autres monnaies.

Les achats qu'on fait d'un pays dans un autre se font, comme tous les autres achats, avec de la monnaie. Si un marchand hollandais, par exemple, achète des marchandises en Angleterre, il les achète à tant de livres sterling ; si un marchand anglais achète des marchandises en Hollande, il les achète à tant de florins. Pour payer une livre sterling, le marchand hollandais doit envoyer en An-

gleterre cette monnaie ou son équivalent :
cet équivalent est une quantité de métal précieux égale à celle que contient la livre sterling à payer. Si le marchand hollandais n'a
d'autre monnaie que des florins , il faut qu'il
envöie un nombre de florins contenant exactement la même quantité de métal précieux
que la livre sterling.

Lorsqu'on imagina le langage dont se servent
aujourd'hui les marchands des diverses parties
de l'Europe , on calcula quel était le nombre
de pièces d'une certaine monnaie qui contenait la même quantité de métal qu'un nombre donné de pièces d'une autre monnaie :
c'est ce qu'on appella le pair du change. Le
florin ne contenait pas tout-à-fait autant de
métal que deux shillings d'Angleterre ; mais,
pour plus de simplicité, supposons qu'il en
contenait tout juste autant ; le pair du change
était donc dix florins pour une livre sterling ,
ou dans le style abrégé des marchands 10.

Le change entre deux pays, se fait, au surplus, non en transportant la monnaie ou
les métaux de l'un dans l'autre , mais le plus
ordinairement par le moyen de billets. Le

langage que les marchands ont adopté dans le trafic des billets est très-bref et très-elliptique, et n'étant pas bien choisi à certains égards, devient une source d'obscurités et de malentendus.

La simple opération du change consiste en ceci : le marchand de Londres auquel un marchand d'Amsterdam doit une somme de monnaie, écrit à celui-ci deux lignes pour lui ordonner de payer cette somme. L'action d'écrire ces deux lignes s'appelle *tirer*, l'écrit lui-même s'appelle une *traite*, et l'on dit de celui à qui on l'adresse qu'on tire *sur* lui. Si le marchand de Londres, en même temps qu'il a de l'argent à recevoir d'Amsterdam, en a à payer dans cette ville, il tire sur son débiteur à l'ordre de son créancier, ou, en d'autres termes, les deux lignes qu'il écrit à la personne qui lui doit une somme d'argent à Amsterdam, ordonnent à cette dernière d'en payer le montant à l'autre personne à laquelle il doit lui-même. Si la somme à recevoir égale celle à payer, la traite annulle la dette ; si elle est moins forte, elle paie pour toute sa valeur, et la différence forme une balance.

Il arrive, dans le cours des affaires, que les individus qui importent des marchandises de Hollande, par exemple, ne sont pas ceux qui exportent des marchandises pour ce pays. Les marchands qui importent du blé, du beurre ou du süif de Hollande, appartiennent à une classe, et ceux qui exportent des étoffes de coton et des quincailleries pour la Hollande, sont des marchands d'une autre classe. Les personnes qui ont de l'argent à recevoir de la Hollande n'ont donc rien à payer dans ce pays ; elles demandent leur argent, et comptent qu'on les paiera. Il y a d'autres individus qui ont de l'argent à payer en Hollande, et qui, pour s'épargner la dépense d'envoyer cet argent, désirent obtenir de ceux qui ont de l'argent à recevoir de ce pays des *ordres* sur leurs débiteurs, c'est-à-dire des billets tirés sur ceux-ci pour la somme qu'ils doivent. Les exporteurs anglais qui ont de l'argent à recevoir de la Hollande tirent alors sur leurs correspondans en Hollande, et, sans avoir besoin d'attendre le retour de la Hollande, reçoivent en Angleterre leur argent des mains des importeurs anglais.

Il y a donc deux espèces d'individus en Angleterre : les uns qui ont de l'argent à recevoir de la Hollande, et les autres qui ont de l'argent à envoyer dans ce pays. Ceux qui ont de l'argent à envoyer désirent trouver ceux qui ont de l'argent à recevoir et des billets à tirer ; d'un autre côté, ceux qui ont des billets à tirer et de l'argent à recevoir désirent trouver les individus qui en ont à payer, et qui voudraient le donner sur-le-champ ; ce qui dispenserait les premiers d'attendre le retour de la Hollande ; mais ces deux espèces d'individus ne savent pas toujours comment se trouver. Cette circonstance a donné naissance à une classe d'entremetteurs qui, sous le nom de *courtiers de change*, s'occupent à les mettre en rapport, ou plutôt à servir d'intermédiaire entre eux.

Quand il arrive que le montant des billets tirés est le même que celui pour lequel on désire des traites, ou, en d'autres termes, quand les individus qui ont de l'argent à recevoir de l'étranger sont en nombre égal à ceux qui en ont à payer * , le montant des billets à acheter et à vendre est le même : pour chaque individu

---

* Pour l'exactitude de raisonnement il doit être sous-entendu que chaque individu a la même somme à recevoir ou à payer.

qui désire acheter une traite sur la Hollande,
il y a un autre individu qui en veut vendre une.
Il n'y a donc à payer ni *prime* d'un côté, ni
escompte de l'autre, les billets se livrent pour
leur valeur, ou, dans le langage des marchands,
le change est au *pair*.

Lorsqu'il arrive que les dettes et les créances
ne sont pas égales ; que l'Angleterre, par
exemple, a plus d'argent à payer qu'elle n'en
a à recevoir, ou, en d'autres termes, qu'elle a
importé pour de plus grandes sommes qu'elle
n'a exporté, il y a plus d'individus qui désirent
acheter des traites sur la Hollande qu'il ne s'en
trouve qui veulent en vendre. Ceux qui ne
pourraient se procurer des billets pour payer
leurs dettes devraient envoyer des métaux ; ce
qui leur coûterait des frais considérables. Il
s'établit alors une concurrence entre les marchands qui désirent des traites ; et, pour les
avoir, ils donnent un peu plus qu'elles ne
valent. Une traite de dix mille florins, par
exemple, (en supposant le pair du change à
dix et les dix mille florins valoir mille livres
sterling) s'achetera volontiers quelque chose
de plus que mille livres sterling. Dans ce cas,
l'on dit que le change est en faveur de la Hol-

lande et contre l'Angleterre. Il est contre l'Angleterre, parce que, lorsqu'en Hollande on tire sur l'Angleterre, il y a plus de gens qui ont des traites à vendre qu'il ne s'en trouve qui aient besoin d'en acheter. Il y a donc concurrence parmi ceux qui veulent vendre, et le prix tombe. Une traite de mille livres sterling sur l'Angleterre, au lieu de se vendre dix mille florins, se vend quelque chose de moins. Cette circonstance doit évidemment décourager le marchand hollandais qui exporte des marchandises pour l'Angleterre; elle produit nécessairement le même effet à l'égard du marchand anglais qui importe des marchandises de la Hollande, et qui, en outre des dix mille florins que ses marchandises lui ont coûté, doit payer quelque chose de plus que les mille livres sterling, valeur au pair de la traite de dix mille florins dont il a besoin pour s'acquitter. D'un autre côté, il en résulte un encouragement pour le marchand anglais qui exporte des marchandises pour la Hollande, puisqu'il reçoit, pour sa traite de dix mille florins sur la Hollande, un peu plus de mille livres sterling, valeur de ses marchandises : il est donc stimulé, par ce surcroît de profit, à étendre son commerce.

Il est aisé de voir quelle est la limite de cette variation dans le prix des billets, ou ce que les marchands nomment le change. Le motif de l'achat d'un billet, est l'obligation de payer une dette. Le marchand anglais qui a une dette à payer en Hollande, peut néanmoins la payer sans le secours d'un billet, en envoyant des espèces ; mais cet envoi occasione certains frais; et si le marchand peut se procurer un billet sans payer au delà de ces frais, il achetera le billet. Le montant des frais de transport de l'argent, est donc le maximum de la prime qu'il paiera pour avoir un billet, et fixe par conséquent la limite de la hausse du prix de ces billets. Comme les frais de transport de l'argent qui renferme de grandes valeurs sous un petit volume ne sont jamais considérables, le change ne s'écartera jamais beaucoup du pair.

On sait très-bien, dans le commerce, comment on solde la balance d'un pays à un autre par le moyen des lettres de change.

Si l'Angleterre a une balance à solder à la Hollande, en même temps qu'elle en a une à recevoir de Hambourg, le porteur, à Amsterdam, d'une traite de 1,000 livres sterling sur l'Angleterre, n'enverra probablement pas sa traite en Angleterre, où elle ne lui procurerait que 1,000 livres sterling, mais à Hambourg, où elle lui rapportera quelque chose de plus. Une dette de l'Angleterre envers la Hollande se paie donc au moyen d'une créance que la première avait sur Hambourg. Les marchands anglais qui ont importé des marchandises de la Hollande, les paient en payant aux marchands hollandais la valeur de celles que ces derniers ont exportées pour Hambourg.

Telles sont les transactions qui ont lieu de pays à pays par le moyen des lettres de change, et tel est le langage dont on se sert pour les exprimer. Ces opérations ont lieu dans deux états de choses : 1° quand la valeur de la monnaie des deux pays reste la même qu'au temps où le pair du change a été calculé, c'est-à-dire quand 10 florins de Hollande, par exemple, contiennent autant de métal qu'une livre sterling, et que le pair du change est 10; 2° quand la valeur relative des deux monnaies n'est pas demeurée la même, comme, par exemple, quand une livre sterling, au lieu de valoir

10 florins, vient à en valoir 12, ou seulement 8.

Si nous supposons que la quantité de métal précieux contenue dans une livre sterling a été réduite au point qu'elle n'équivaut plus qu'à celle contenue dans 8 florins, le pair du change devient réellement 8, au lieu de 10. Les marchands, néanmoins, n'ont jamais cessé de s'exprimer comme au temps où le pair du change a été calculé. En supposant que le pair du change entre le florin et la livre sterling était primitivement 10, ils ont toujours continué à regarder 10 comme le pair, quelque changement qui se soit opéré dans la valeur relative des deux monnaies, quoique la livre sterling n'ait plus valu, par exemple, que 8 florins au lieu de 10. Toutefois, ils réglaient le montant d'un billet d'après la valeur réelle des monnaies ; un billet de tant de livres sterling n'était pas égal à autant de fois 10 florins, mais à autant de fois 8. Comme on appelait toujours 10 le pair du change, quoiqu'il ne fût réellement que 8, on imagina de dire que le change était contre l'Angleterre dans la proportion de 10 à 8, ou de 20 pour cent. Cette différence de 20 pour cent était au reste purement nominale ; car, lorsqu'il y avait lieu à un escompte de ces 20 pour cent sur un billet anglais, le change était réellement au pair. Cette manière de s'exprimer était donc impropre et faite pour induire en erreur ; mais si , en pareil cas , l'on ne perd pas de vue que 20 pour cent contre l'Angleterre signifie la même chose que le pair , il est aisé de voir que tout ce que nous avons démontré, dans les pages précédentes , être vrai lorsque le change est au pair, est également vrai lors d'une différence de 20 pour cent. Tout ce qui élève le change au-dessus du pair, correctement parlant, en met la différence d'autant au-dessous de 20 pour cent, suivant la manière incorrecte de s'exprimer ; et tout ce qui réduit le change au-dessous du pair, correctement parlant, élève la différence d'autant au-dessus de 20 pour cent, suivant la manière incorrecte de s'exprimer. Tous les effets résultans de ce qu'on appelle la hausse ou la baisse, au-dessus ou au-dessous du pair, dans un cas , résultent donc des mêmes choses désignées par des noms différens dans l'autre cas. Nous n'avons par conséquent pas besoin de nous étendre davantage sur ce sujet.

Quand les monnaies des deux pays sont métalliques, une altération dans leur valeur relative ne peut arriver que par l'effet d'une altération dans la quantité relative de métal qu'elles contiennent ; parce que, ainsi que nous l'avons vu précédemment, il y a des obstacles qui s'opposent à ce qu'il s'établisse une différence considérable entre la valeur nominale d'une monnaie métallique et celle du métal qu'elle contient. Il y a toutefois un autre cas, celui d'un papier-monnaie non remboursable en numéraire. Ce cas demande à être examiné séparément.

Revenons à notre première supposition que la livre sterling contient autant de métal que 10 florins ; supposons, en outre, qu'on a émis en Angleterre une telle quantité de papier-monnaie non remboursable en numéraire, que la valeur d'une livre sterling en papier, est tombée à 20 pour cent au-dessous de celle du métal contenu dans une livre sterling, il est aisé de voir que, dans ce cas, un billet de 100 livres sterling est exactement de la même valeur qu'un billet de même somme, quand la monnaie se trouve dépréciée en perdant 20 pour cent de métal précieux. Dans les deux cas, un billet de 100 livres sterling vaut non pas cent fois 10 florins, mais cent fois 8 florins. La raison en est que le billet ne pourra acheter, en Angleterre, qu'autant de métal tout juste qu'il y en a dans cent fois 8 florins. Il s'échangera donc seulement contre un billet de 800 florins.

Ces faits peuvent être exprimés par une formule générale. Une lettre de change, tirée sur un pays quelconque, a, lorsqu'elle arrive dans ce pays, une valeur égale à celle de la portion de métaux précieux qu'on pourrait acheter avec la somme de monnaie pour laquelle on l'a tirée. Un billet de 100 livres sterling, par exemple, vaut tout le métal qu'il pourrait acheter, que cette quantité soit plus grande ou plus petite que celle qu'on pourrait acheter avec 100 livres sterling en numéraire. Quelle que soit la différence en moins, entre la quantité de métal qu'on pourrait acheter avec le billet, et celle qu'on achèterait avec 100 livres sterling en numéraire, le papier se trouve valoir tout juste autant de moins que le numéraire, si ce dernier circulait à sa place. Le change contre un pays ne peut donc jamais excéder le montant de deux sommes : 1° la différence de la valeur entre la monnaie dépréciée et non dépréciée , ou la différence entre la valeur nominale de la monnaie et la quantité de métaux précieux qu'elle peut acheter ; 2° les frais de transport de ces métaux quand ils sont achetés.

Il paraît donc prouvé que l'opinion des personnes (et quelques économistes très-distingués sont de ce nombre) qui pensent que non-seulement le change nominal , mais même le change réel , peuvent varier au delà des frais de transport des métaux précieux, est tout-à-fait dépourvue de fondement. Elles disent que lorsque, par quelque cause particulière , une grande disparition des métaux précieux a eu lieu , et a créé une rareté telle qu'il faut exporter des marchandises du pays où ces métaux sont rares , pour les importer des pays où ils abondent , les billets tirés sur le premier peuvent avoir à supporter un escompte montant non-seulement aux frais de transport des métaux précieux , mais encore à ceux qu'occasionent l'envoi des marchandises qui servent à acheter ces métaux, et leur transport dans le pays. Il y a deux choses à remarquer sur cet argument. En premier lieu, il ne tient pas compte de cette circonstance qu'un certain nombre de livres sterling en papier peut toujours acheter le métal au prix courant. Quelle que soit la différence en moins entre la quantité qu'il achète et celle que contiendrait le même nombre de livres sterling en espèces non altérées, le cours se trouve déprécié dans la même proportion. Il s'ensuit que le change est altéré *nominalement*, suivant une mauvaise manière de s'exprimer, mais pas du tout *réellement*. La quantité de métaux précieux que le billet permettra d'acheter est égale à sa valeur comparée à celle d'un billet exprimé en florins contenant une certaine quantité de métal ; tout ce qu'il peut coûter de plus ne saurait être que le montant des frais de transport du métal. Les frais de transport du métal sont donc la mesure du change réel ; tout le reste est nominal et n'altère que le langage.

On oppose néanmoins à cette conclusion une objection que nous devons réfuter. Quelques personnes soutiennent que le montant d'un change défavorable peut aller beaucoup au delà des frais de transport du métal et de la dépréciation du cours, les deux circonstances que nous avons dit devoir toujours lui servir de limites.

L'argument en faveur de cette assertion est que, dans le cas de grands paiemens à faire à l'étranger, soit pour le compte du gouvernement, soit pour solder des importations extraordinaires, comme celle du blé, dans un temps de disette, on doit éprouver une grande difficulté à se procurer le métal nécessaire pour solder la balance ; qu'on peut être obligé de le faire venir d'un pays étranger, et par conséquent d'exporter des marchandises pour le payer ; que, dans ce cas, les personnes qui importent le métal ont à supporter les frais d'envoi des marchandises, plus ceux de transport du métal ; et que pour une lettre de change, ils donneront une prime égale non-seulement aux frais de transport de la somme en numéraire , mais encore aux frais plus considérables d'expédition des marchandises qui auraient dû acheter l'or.

Il est facile de montrer l'erreur renfermée dans cet argument.

S'il existe un papier-monnaie non remboursable en numéraire, et si beaucoup d'or est sorti du pays, il s'ensuit que la demande d'or devenant plus considérable, il haussera de prix.

Quand l'or hausse de prix, cela veut dire que pour se le procurer, il en coûte une plus grande quantité de papier ; néanmoins on pourra toujours en acheter avec du papier, et la différence entre ce que le papier en achetera et la quantité contenue dans une somme égale de monnaie métallique constitue la dépréciation de ce papier.

On pourrait dire que c'est l'or qui a haussé, et non le papier qui est tombé.

C'est une autre question. Toujours serait-il vrai que le papier aurait moins de valeur que le numéraire ; il serait donc déprécié par rapport au numéraire : c'est ce que nous entendons ici par dépréciation.

Quel est donc réellement l'état des choses ? Un marchand anglais qui a fait des importations doit une certaine somme de monnaie, c'est-à-dire un certain poids d'or, à un marchand de la Hollande. Il peut envoyer de l'or ou une lettre de change. S'il envoie de l'or, il faut qu'il l'achète avec son papier, et qu'il supporte les frais d'envoi. Toutefois il achetera une lettre de change, s'il peut l'acheter pour une moindre somme en papier-monnaie que le prix de l'or et les frais de transport de cet or en Hollande ; autrement il ne l'achetera pas. Mais l'or lui coûte autant en papier que le papier vaudrait s'il n'était pas déprécié, et d'autant plus que la dépréciation est plus forte. La lettre de change ne peut donc jamais coûter plus que la quantité de papier ci-dessus, plus les frais de transport de l'or. En d'autres termes, la prime à donner pour la lettre de change ne peut jamais excéder le montant de la dépréciation du papier-monnaie, plus les frais de transport du numéraire.

Si l'on dit que, lorsque par quelque circonstance particulière, on manque de métaux précieux, et qu'il faut les importer au moyen de l'exportation de quelque marchandise anglaise, le prix de ces métaux se trouve augmenté des frais d'expédition des marchandises qui servent à les acheter, c'est une proposition qui, d'après ce qui a été établi, ne mérite guère d'être réfutée.

La cause qui fait que les choses sont plus chères dans un lieu que dans un autre, a déjà été expliquée. Lorsqu'on les transporte d'un lieu dans un autre, elles y sont plus chères du montant des frais de transport. Les marchandises qu'on envoie au pays des mines y sont plus chères que dans les pays d'où elles viennent, du montant des frais de transport, et les métaux précieux qui arrivent en échange dans ces pays, y sont plus chers de tous les frais qu'on a faits pour les y transporter : c'est ainsi que nous avons vu que les marchandises envoyées de Londres dans le pays de Galles y étaient plus chères qu'à Londres, et réciproquement.

La manière dont la disparition du numéraire amène l'importation des métaux précieux, est très-claire. Quand les métaux précieux deviennent rares dans un pays, leur valeur augmente, ou, en d'autres termes, la valeur des marchandises, comparée à celle des métaux précieux, baisse. Le prix en numéraire des marchandises baissant en Angleterre, se trouve bientôt suffisamment au - dessous de celui qu'elles ont dans les autres pays, pour qu'il devienne profitable de les exporter : les frais de transport ne sont pas supportés par l'argent, mais par les marchandises. Il vaudrait autant dire que, dans le pays qui fournit les métaux précieux, les frais de transport de ces métaux doivent être ajoutés au prix d'achat et aux frais de transport du blé, ou de toute autre marchandise reçue en échange.

On dit que les métaux précieux, lorsqu'on les reçoit de l'étranger, supportent les frais de transport des marchandises qui sont apportées en échange. Généralisons cette proposition. Est-il vrai que, quand un pays fait l'importation d'une marchandise étrangère, il supporte les frais de transport et des marchandises qu'il envoie à l'étranger et de celles qu'il en reçoit? La chose est impossible, parce que dans tous les cas où deux nations trafiquent ensemble toutes deux importent; toutes deux néanmoins ne peuvent supporter la totalité des frais de transport.

Si l'Angleterre, dans un temps de disette, envoie acheter du blé en Pologne, l'Angleterre ne se trouvera pas chargée de la dépense de transporter ce blé chez elle, et de celle de transporter en Pologne le drap qu'elle donne en échange, tandis que la Pologne ne paiera pas sa part de ces frais, et aura son drap franc de port, c'est-à-dire à aussi bon marché qu'en Angleterre. Il est évident que voici ce qui aura lieu : le blé sera plus cher en Angleterre qu'en Pologne du montant des frais de transport de ce blé, et le drap sera plus cher en Pologne qu'en Angleterre des frais de transport de ce drap.

Supposons que la monnaie de Pologne, que nous appellerons *rix-dollar*, est le quart d'une livre sterling, il sera facile de résoudre la question du change pour tous les cas possibles. Si la quantité de blé achetée en Pologne pour l'Angleterre coûte un million de *rix-dollars*, et si le drap qu'on achète de même en Angleterre pour la Pologne coûte deux cent cinquante mille livres sterling, les billets tirés sur la Pologne pour les susdits deux cent cinquante mille livres sterling paieront tout juste le million de *rix-dollars*, et le change sera au pair, sans être altéré en rien par les frais de transport du blé ni du drap. Si la valeur du drap importé en Pologne était de moins de deux cent cinquante mille livres sterling, l'Angleterre aurait alors une balance à solder, et les billets sur la Po-

logne rapporteraient une prime. Cette prime
ne pourrait toutefois excéder les frais de trans-
ptor des métaux précieux, parce qu'en payant
ces frais, le marchand anglais paierait sa dette
sans avoir besoin d'un billet. Il paraît donc
démontré que, dans ce qui constitue un change
défavorable, les frais de transport de l'argent
du pays qui doit la balance sont la seule
chose à laquelle on puisse attribuer quelque
effet.

La balance peut avoir augmenté, à une époque
où l'or est devenu rare en Angleterre, lorsqu'il
n'est pas aisé de s'en procurer ; en d'autres termes, quand l'Angleterre a une grande demande
d'or provenant de l'étranger , et est obligée de
vendre une quantité extraordinaire de ses marchandises pour se le procurer. Ceci n'affecte
point le change. Quelle que soit la dépense en
marchandises que l'Angleterre doit supporter
pour se procurer les métaux dont elle a besoin,
tant que le cours, dans ce pays, ne sera pas déprécié, c'est-à-dire tant que la livre sterling de-
meurera égale à quatre *rix-dollars*, l'Angleterre
paiera une balance de quatre *rix-dollars* par
livre sterling et en outre les frais de transport.

Si le cours est déprécié, et que la livre sterling ne vaille plus quatre *rix-dollars*, c'est-à-dire qu'elle ne puisse acheter autant de métal qu'en contiennent quatre *rix-dollars*, le change peut être défavorable jusqu'au montant de la dépréciation du cours et des frais de transport de l'argent. Dans ce cas, toutefois, tout ce qui est produit par la dépréciation est purement nominal ; il n'y a que les frais de transport du métal qui présentent quelque chose de réel, et ils forment évidemment tout ce qui peut rendre le change défavorable. Les frais de transport des marchandises qu'on échange contre le métal n'ont aucune relation avec la manière de tirer et négocier les billets entre les deux pays.

SECTION XVI.

DES PRIMES ET DES PROHIBITIONS.

Sous ce titre nous comprenons toutes les espèces d'encouragemens et d'entraves quelconques dont l'objet est de faire prendre à la production et aux échanges certaines directions qu'ils n'eussent pas pris naturellement.

Les raisonnemens sur ce sujet seront, nous le pensons, clairs, concluans et n'exigeront pas beaucoup de mots.

S'il paraît évident que la production et les échanges prennent les directions les plus profitables, quand on les laisse libres, il s'ensuivra nécessairement que toutes les fois qu'on les en détournera, par une intervention étrangère quelconque, l'industrie du pays sera employée d'une manière moins avantageuse.

On peut, au moyen d'une très-courte démonstration, prouver que lorsque l'industrie et les échanges sont laissés libres, ils prennent les directions les plus avantageuses.

Les causes qui donnent lieu à la production et aux échanges demandent à être examinées séparément; car, au sujet de la production, il n'y a guère de différence d'opinions. Si un pays n'avait aucune relation commerciale avec ses voisins, et employait toute sa puissance productive à fournir à sa propre consommation, rien ne serait plus absurde que de donner des primes pour la production d'une sorte de marchandises, et de mettre des entraves à la production d'une autre espèce de marchandises. Nous n'envisageons ici les choses que sous le point de vue relatif à l'économie politique, et par rapport à la production; car si un pays met des entraves à la production de certains objets, comme les liqueurs spiritueuses dont l'usage est pernicieux, ceci tient à la morale, et a pour but de régler, non la production, mais la consommation. Partout où l'on ne cherche pas à borner la consommation, il semble admis, même dans la pratique, que la demande règle toujours la production de la manière qui convient le mieux aux intérêts de la société. Les gouvernemens les plus stupides n'ont pas songé à donner des primes pour la fabrication des souliers, ou à mettre une taxe sur les bas, pour en restreindre la fabrication, afin d'enrichir le pays en faisant une plus grande quantité de souliers et une moindre quantité de bas. Quand il s'agit du commerce intérieur, il semble admis que l'on fait tout juste autant de bas et de souliers qu'on en demande. Si l'on agissait différemment ; si une prime était accordée à la fabrication des souliers, et une taxe imposée sur la fabrication des bas, le seul effet qui en résulterait serait que le peuple paierait les souliers moins chers et les bas plus chers que si ces mesures n'existaient pas : que le peuple serait mieux fourni de souliers et moins bien de bas que si l'on avait laissé les choses suivre leur cours naturel, c'est-à-dire si l'on eût laissé le peuple consulter son goût et sa convenance, ou, en d'autres termes, si on eût laissé les producteurs tirer le plus grand profit de leurs efforts.

Ainsi, tous ces réglemens sur l'industrie dont le but est d'augmenter la production d'une sorte de marchandises, en diminuant celle d'une autre sorte d'objets ; réglemens qui ont été regardés comme le fruit de la haute sagesse des gouvernemens, n'ont été adoptés que pour diriger le commerce avec les pays étrangers, et pour augmenter ou diminuer, mais plus communément diminuer la quantité de certaines marchandises qu'on reçoit de ces pays.

Maintenant il est reconnu, ainsi que nous l'avons amplement démontré, qu'aucun objet qui peut être produit dans le pays ne sera jamais importé d'un pays étranger, à moins qu'on ne puisse obtenir cet objet en échange d'une moindre quantité de travail, c'est-à-dire de frais que n'aurait exigé sa production dans le pays même. Il semble non-seulement certain, mais même avoué, qu'il est désirable de produire les objets à aussi peu de frais que possible. Tel est l'objet de toutes les améliorations auxquelles on vise dans la production au moyen de la division du travail ; en cultivant la terre suivant une meilleure méthode, et en inventant des machines plus puissantes et plus ingénieuses. Il semble, en effet, qu'on doit regarder comme une proposition de la plus grande évidence que, quelle que soit la quantité de moyens de production que possède un peuple, plus il pourra les rendre productifs, et mieux cela vaudra ; car ce n'est ni plus ni moins que de dire qu'il est avantageux pour les hommes d'avoir tous les objets qu'ils désirent, et de se les procurer avec peu de peine.

Non-seulement il est certain que partout où règne la liberté d'industrie on n'importera jamais une marchandise qu'on peut fabriquer dans le pays, à moins qu'on ne puisse l'importer à moins de frais qu'il n'en coûterait pour la fabriquer ; mais, quel que soit le pays où l'on peut se procurer cette marchandise à moins de frais, c'est à ce pays qu'on aura recours pour l'avoir ; et, quelle que soit la marchandise dont l'exportation pourra procurer la première à moins de frais, c'est celle qu'on exportera en échange. Ceci résulte assez évidemment des principes du commerce, pour ne pas exiger d'explication. Ce n'est autre chose que de dire que, lorsqu'on laissera faire les marchands, ils acheteront toujours au meilleur marché possible, et vendront toujours le plus cher qu'ils pourront.

Il paraît donc pleinement démontré que, si on laisse la production et l'échange prendre eux-mêmes leurs directions, ils choisiront certainement les plus avantageuses à la communauté. Il est certain que la production et l'échange choisiront les directions suivant lesquelles on peut obtenir à moins de frais les objets que la communauté désire. Obtenir ces marchandises, et les obtenir au meilleur marché possible, est la somme d'avantages que la production et l'échange, considérés sous le point de vue le plus simple, peuvent procurer. Par conséquent, à quelque degré que l'on force la production et l'échange de s'écarter des directions qu'ils eussent prises naturellement, on perd au même degré les avantages qui résultent de la production et de l'échange, ou tout au moins on les sacrifie à quelque autre chose. Y a-t-il des cas où l'on doive les sacrifier à quelque autre chose? C'est une question de politique pure, et non d'économie politique.

Il n'y a pas de sujet sur lequel la bonté du système restrictif et prohibitif ait été soutenue avec une plus grande opiniâtreté, et avec autant de sophismes, que le commerce des grains. On ne peut mettre en doute cependant que le blé ne sera jamais importé à moins qu'on ne puisse l'obtenir de l'étranger à moins de frais qu'il n'en coûterait pour le produire dans le pays *. Tout l'avantage qu'on obtient de l'importation d'une marchandise qu'il serait possible de fabriquer dans le pays, on pourrait donc l'obtenir de l'importation du blé. Pourquoi priverait-on la communauté d'un avantage qui, dans ce cas, doit, à cause des variétés de sol et de population dans les divers pays, être beaucoup plus grand que celui qu'on obtient de l'importation de toute autre marchandise ?

Les raisons sur lesquelles s'appuient les partisans de la restriction du commerce des grains sont au nombre de deux; mais ni l'une ni l'autre n'ont le moindre poids.

La première est qu'à moins qu'une nation ne tire le blé de son sol, elle peut, par un effet de l'inimitié de ses voisins, être privée des approvisionnemens qu'elle tire de l'étranger, et se trouver par-là réduite à la plus grande détresse. Ce raisonnement suppose une grande ignorance de l'histoire et des principes commerciaux : de l'histoire, parce qu'elle nous montre que les nations qui se sont trouvées le plus dans la dépendance des nations étran-

* Pages 114 et suivantes.

gères pour leurs approvisionnemens en blé ont joui par-dessus toutes les autres de l'avantage d'un prix fixe et invariable de cette denrée ; des principes commerciaux, parce que, si ce qu'on appelle une bonne année dans un pays est une mauvaise année dans d'autres pays, il s'ensuit inévitablement qu'il n'y a qu'en tirant ses approvisionnemens en blé de divers pays, qu'une nation peut se préserver de ces grandes et fâcheuses fluctuations dans le prix du blé que la variété des récoltes est faite pour produire. La politique n'est pas plus intéressée au maintien du système que nous combattons que ne l'est l'économie politique. On sacrifie un bien réel pour éviter la chance d'un mal chimérique ; mal qu'on doit d'autant moins appréhender que le pays d'où un autre tire ses approvisionnemens en blé est rarement moins dépendant de celui-ci pour la vente de sa récolte, que le premier ne l'est de lui pour ses approvisionnemens. On ne soutiendra pas qu'une accumulation extraordinaire de blé dans un pays, faute de débouchés, accompagnée de la baisse des prix qui ruine à la fois les fermiers et les propriétaires fonciers, soit un petit mal.

La seconde raison sur laquelle s'appuient les

partisans du monopole est que, comme les marchands et les manufacturiers ont , dans certains cas, le monopole de leur industrie , les fermiers et les propriétaires éprouvent une injustice si on ne leur accorde pas un semblable monopole. En premier lieu , nous ferons observer que si cet argument est valable pour les producteurs de grain , il l'est également pour toute autre espèce de producteurs. Si , parce qu'une taxe est imposée sur l'importation des laines, on devait en imposer une sur celle du blé, on devrait également mettre une taxe sur l'importation de tous les objets que le pays peut produire ; le pays, en un mot, devrait n'avoir plus de commerce extérieur, excepté pour les seuls articles qu'il n'a pas le moyen de produire. Cette réduction à l'absurde doit paraître concluante. L'argument que nous combattons suppose, en outre , que les manufacturiers obtiennent un profit considérable en conséquence de la protection supposée qu'on leur accorde ; et que les producteurs de grains éprouveraient une perte proportionnée si on ne les protégeait pas par une taxe semblable. L'ignorance des principes commerciaux est palpable dans ces suppositions dont ni l'une ni l'autre n'offrent une ombre de vérité.

L'homme qui place son capital dans une manufacture de laine ou toute autre dont les produits sont privilégiés (en ce qu'on ne permet pas aux produits des manufactures étrangères d'entrer en concurrence avec eux), ne tire pas, à cause de cela, un plus grand profit de son capital; son profit n'est pas plus considérable que celui de l'homme dont le capital est employé à quelque genre de production ouvert à la concurrence de toutes les nations du monde. Tout ce qui résulte du privilége en question, c'est qu'un plus grand nombre de capitalistes trouvent à placer leur capital dans la branche d'industrie favorisée; en un mot, qu'une partie des capitalistes du pays s'appliquent à produire une espèce particulière de marchandises, tandis qu'autrement ils se fussent appliqués à produire quelque autre chose, probablement quelque chose pour l'étranger, c'est-à-dire une marchandise avec laquelle on eût pu acheter celle en question, s'il eût été permis de l'importer d'un pays étranger.

Puisque l'homme qui a son capital employé dans la branche d'industrie qu'on appelle protégée ne tire aucun surcroît de profit de cette protection, le producteur de blé n'éprouve ni la plus petite perte ni le moindre inconvénient. On ne peut donc rien concevoir de plus mal fondé que sa demande d'une indemnité à raison de cela. La demande de blé n'est pas diminuée parce qu'on a mis une taxe sur l'importation des laines ; et cette demande n'augmenterait pas si l'on supprimait la taxe dont nous parlons. Ses affaires ne sont donc nullement affectées par cette taxe.

Il ne saurait entrer dans le plan d'un ouvrage limité à l'exposition des principes généraux de mettre au jour toutes les erreurs que renferment les argumens en faveur de la restriction du commerce des grains. Nous ne pouvons néanmoins laisser passer tout-à-fait inaperçues une ou deux sources de ces erreurs.

Le propriétaire foncier s'efforce à présenter son cas et celui du manufacturier comme parfaitement semblables, quoique, dans les circonstances même sur lesquelles il base ses argumens, ils soient non-seulement différens, mais même contraires. Le propriétaire s'efforce encore à unir son cas à celui du fermier ; et du succès de cet effort dépend presque toute la plausibilité de ses prétentions. Une courte série de raisonnemens suffit pour prouver qu'il n'y a pas de prétentions plus mal fondées. Le fermier, en qualité de producteur, a droit au même avantage que tous les autres producteurs, savoir, que tous ses déboursés lui rentrent avec un profit raisonnable sur le capital qu'il emploie. Ce que la terre produit en plus de cette rentrée et de ce profit, est ce qu'il doit rendre à son propriétaire ; et son intérêt n'est nullement affecté par la quantité de ce surplus, qu'il soit fort ou faible. Il n'en est pas de même des salaires, parce que plus les salaires sont faibles, et plus ses profits, comme tous les autres profits, sont considérables ; les salaires ne peuvent être faibles si le blé est cher. L'intérêt permanent de la classe des fermiers est donc que le blé soit à bon marché. Tel ou tel individu, dans cette classe, peut, pendant la durée d'un bail, avoir intérêt à ce que le blé soit cher ; mais la raison de cette exception montre la vérité de la règle générale. L'individu qui, pendant la durée d'un bail, a intérêt à ce que le blé soit cher, est, par ce bail, métamorphosé jusqu'à un certain point en propriétaire, c'est-à-dire qu'il participe aux avantages de ce dernier. Pendant la durée de son bail, si le prix du blé augmente, il obtient non-seulement ses profits comme fermier, mais encore quelque chose de plus qui, sans son bail, ferait partie du loyer, et reviendrait au propriétaire.

Ceci forme donc la grande démarcation. Tous ceux qui reçoivent des portions de loyers gagnent à la cherté du blé ; les producteurs de blé, considérés uniquement comme tels, ne gagnent pas à cette cherté ; au contraire. Le cas du fermier répond à celui du manufacturier, et non à celui du propriétaire foncier. Le fermier est producteur et capitaliste ; le manufacturier est également l'un et l'autre, et ils ont reçu tout ce qui leur revient, lorsque leur capital leur a été remboursé avec ses profits. Le propriétaire foncier n'est ni producteur ni capitaliste. Il est propriétaire de certaines facultés productives inhérentes au sol, et tout ce que le sol produit lui appartient, après avoir remboursé avec profits le capital nécessaire pour mettre ces facultés productives en action. On voit, d'après cela, que le cas du propriétaire est particulier ; que la cherté du blé lui est profitable, parce que plus le blé est cher, plus est petite la portion du produit qui peut rembourser avec profits le capital du fermier,

et plus celle qui lui reste, après ce remboursement, est considérable. Pour les fermiers, et
pour le reste de la communauté, la cherté du
blé est un mal, parce qu'elle tend à diminuer
les profits des producteurs et à augmenter les
dépenses des consommateurs.

SECTION XVII.

DES COLONIES.

Parmi les expédiens dont on a fait usage
pour forcer une plus grande quantité de moyens
de production à prendre des directions particulières, le système colonial offre un sujet assez important pour exiger un examen particulier.

Le seul point de la politique coloniale qu'il
est nécessaire d'examiner ici est celui du commerce avec les colonies ; et la question est de
savoir si l'on peut tirer quelque avantage particulier de ce commerce.

On admettra sans doute comme vraie pour
les colonies, de même qu'elle l'est pour les pays
étrangers, cette proposition, que tout l'avantage qu'on retire du commerce qui se fait avec
elles résulte de ce qu'on en reçoit, et non de
ce qu'on y envoie, parce que si ce commerce

15

ne procurait pas un retour, ce serait toute perte.

Le retour des colonies se fait en argent ou en marchandises. Le lecteur sait déjà parfaitement qu'un pays n'a pas plus d'avantage à recevoir de l'argent qu'à recevoir toute autre espèce de marchandise. Il est également évident que, quand la colonie n'a pas de mines des métaux précieux, elle ne peut, à cause du monopole de la mère patrie, avoir ni argent ni autre chose à exporter que ses productions.

Il n'est pas besoin d'examiner le cas du commerce libre avec une colonie, parce qu'il rentre dans celui du commerce avec un pays étranger quelconque.

Le monopole du commerce avec ses colonies, que la métropole peut se réserver, est de deux sortes.

Premièrement, elle peut commercer avec ses colonies par le moyen d'une compagnie exclusivement privilégiée. Dans ce cas, la colonie n'a pas d'autres acheteurs que cette compagnie privilégiée à qui elle puisse vendre quelque chose , ni d'autres vendeurs de qui elle puisse acheter ce dont elle a besoin. La compagnie peut donc lui faire acheter aussi cher qu'il lui plaît les marchandises qu'envoie la métropole, et lui faire vendre à aussi bon marché qu'elle veut les marchandises que la colonie envoie à la mère patrie. En d'autres termes , la colonie peut , dans ces circonstances, être obligée de donner, pour le produit d'une certaine quantité de travail de la métropole, une plus grande quantité de marchandises que celle-ci n'en pourrait obtenir au même prix d'un autre pays , ou de la colonie elle-même, dans le cas d'un commerce libre.

Le commerce , dans les circonstances que nous venons de supposer, présente deux cas : le premier est le cas où la colonie reçoit de la métropole des objets de luxe et d'agrément ; le second , celui où elle reçoit des objets de première nécessité, pour la vie ou pour l'industrie , tels que le blé, le fer, etc.

Dans le cas où la colonie reçoit seulement des objets de luxe et d'agrément de la métropole, il y a une limite aux profits qu'elle peut faire sur le travail de la colonie. Les colons

15.

peuvent refuser d'acheter ces objets de luxe ou d'agrément, s'ils sont obligés, pour se les procurer, de sacrifier une trop grande portion du produit de leur travail, et ils peuvent juger plus à propos d'employer ce travail à se procurer les objets de luxe et d'agrément que leur pays est dans le cas de produire.

Si la colonie dépend de la métropole pour des objets de première nécessité, la chose est différente, et la compagnie privilégiée exerce sur la colonie un pouvoir absolument despotique. Elle peut la forcer à lui donner tout le produit de son travail pour la quantité des objets de première nécessité en question tout juste nécessaire pour permettre aux habitans de la colonie de vivre. Si ce sont des objets de première nécessité pour la vie, la chose est évidente. Si ce sont des objets tels que du fer et des outils sans lesquels le travail des colons ne peut être employé d'une manière productive, le résultat est précisément le même. On peut leur faire donner, pour ces articles, une si grande portion du produit de leur travail, qu'il ne leur reste plus rien que ce qui est strictement nécessaire pour les faire subsister ; car il est de l'intérêt de la métropole de ne pas diminuer la population de la colonie, parce qu'elle diminuerait en même temps le produit du travail, c'est-à-dire la quantité de marchandises qu'elle peut recevoir de la colonie.

Au lieu de commercer avec ses colonies par le moyen d'une compagnie privilégiée, la métropole peut ouvrir ce commerce à tous ses marchands, défendant seulement à la colonie de trafiquer avec les marchands des autres pays. Dans ce cas, la concurrence des marchands de la métropole réduit le prix de tous les articles que reçoit la colonie à un prix aussi bas qu'il est possible de les fournir, c'est-à-dire à aussi bas prix qu'on les vend dans la métropole elle-même, plus les frais de transport. Si l'on dit que les colonies offrent un débouché à la métropole, je répondrai que le capital qui fournit des marchandises aux colonies produirait toujours des marchandises quand les colonies n'existeraient plus, et ces marchandises trouveraient des consommateurs. Le travail et le capital d'un pays ne peuvent produire plus que le pays ne veut consommer. Tout individu a le désir de consommer, soit productivement, soit improductivement, tout ce qu'il reçoit. Chaque pays offre donc en lui-même des débouchés pour tout ce qu'il peut produire. Ceci sera rendu encore plus évident lorsque nous en viendrons à examiner le sujet de la consommation, ainsi que la cause et l'étendue des débouchés. Il n'y a donc absolument aucun avantage à retirer, lorsqu'une libre concurrence existe, de cette partie du commerce avec les colonies qui consiste à leur fournir des marchandises, puisqu'on n'y gagne pas plus que les profits ordinaires du capital, c'est-à-dire qu'on aurait pu obtenir, si ce commerce n'eût pas existé.

Si ce commerce présente quelque avantage, il doit donc résulter du bon marché des marchandises que la colonie fournit à la métropole. Il est évident que, si la quantité des marchandises, de sucre, par exemple, que la colonie envoie à la métropole est assez grande pour fournir à sa demande, au-delà de ce qui a lieu dans les autres pays, et de manière à le rendre plus commun et par conséquent moins cher que dans les autres pays, la métropole gagne à forcer la colonie à apporter tous ses produits chez elle, puisqu'elle serait obligée de les payer aussi cher que les autres pays, si les colons étaient libres de vendre là où ils pourraient obtenir les meilleurs prix.

Si la métropole obtenait l'avantage dont nous parlons, elle ne l'obtiendrait qu'aux dépens de la colonie. Dans le cas d'un commerce libre, toutes deux gagnent ; sous l'empire des restrictions, tout ce que l'une gagne l'autre le perd. La métropole, en forçant la colonie à lui vendre ses produits moins cher qu'elle ne les vendrait à d'autres pays, lui impose tout simplement un tribut, indirect il est vrai, mais non moins réel, parce qu'il est déguisé.

Si l'on peut gagner quelque chose à restreindre le commerce avec les colonies de toute autre manière que par l'établissement d'une compagnie privilégiée, ce ne saurait être qu'en forçant les colonies à ne vendre qu'à la métropole, et non pas en les forçant à n'acheter que d'elle. Ce serait donc une grande amélioration au système colonial, que d'ouvrir à tout le monde les ports des colonies, et de leur permettre d'acheter les marchandises dont elles auraient besoin, de la nation qui peut les leur donner à meilleur marché, se bornant seulement à les restreindre dans la vente de leurs productions ; c'est-à-dire de les laisser acheter de qui il leur plairait, mais de ne leur permettre de vendre qu'à la métropole.

On doit en même temps observer que, si les marchands de la métropole ont la liberté d'exporter les marchandises provenant des colonies, le prix de ces marchandises s'élève bientôt chez eux au niveau de celui des autres pays. La concurrence doit aussi élever proportionnellement le prix des marchandises dans les colonies, et de la sorte les bénéfices de la métropole se trouvent perdus.

On conclut quelquefois des traités de commerce dont l'objet est d'en restreindre la liberté. Un pays ne peut être restreint par un autre que de deux manières, ou dans ses achats, ou dans ses ventes. Supposons que la Grande-Bretagne oblige un autre pays à n'acheter que d'elle certaines marchandises. La Grande-Bretagne ne peut tirer aucun profit d'un semblable traité : la concurrence qui s'établira entre les marchands leur fera vendre ces marchandises à ceux du pays en question à aussi bon marché qu'à leurs compatriotes, et leur capital ne se trouve pas employé d'une manière plus profitable que si le traité n'existait pas. Il est des cas où un pays peut gagner à contraindre un autre pays à ne vendre qu'à lui. Quand un pays est obligé de vendre toutes ses marchandises à un autre pays exclusivement, le cas est exactement le même que celui d'une colonie obligée à ne vendre qu'à la métropole. Toutefois, comme probablement aucun pays libre ne se laisse imposer un tel joug, nous ne devons point envisager ce cas comme réel ou possible.

Un pays peut s'engager à vendre à un autre pays exclusivement, non tous les articles qu'il peut exporter, mais seulement quelques-uns d'entre eux.

Ces articles peuvent être du nombre de ceux qui, même dans le cas d'un commerce libre, ne rendent rien au-dessus des profits ordinaires du capital, comme les draps, la poterie, les chapeaux, etc.; ou des articles qui procurent un bénéfice plus considérable, comme le blé, le vin, les minéraux, etc., c'est-à-dire des articles qui rendent un revenu aux propriétaires des fonds de terre ou des mines.

Un pays ne peut avoir aucun avantage à obliger un autre pays à lui vendre, exclusivement à tout autre, les articles de la première espèce. Si le prix que le pays favorisé paie pour les marchandises n'est pas suffisant pour rembourser le capital avec les profits ordinaires, on ne les produira pas. Si ce prix, au contraire, suffit pour procurer les profits en question, il aurait pu avoir les marchandises sans faire de traité.

Le cas est différent quand ce sont des articles qui rendent quelque chose, comme des loyers, ou les profits d'un monopole, en sus des profits du capital. Dans ce cas, il est de l'intérêt de ceux qui reçoivent un loyer ou quelque autre revenu de ce genre d'encourager la vente au pays favorisé, tant qu'ils reçoivent quelque chose en plus par l'effet de cette vente. La quantité de marchandises, objets de la restriction, qu'on envoie de la sorte dans le pays favorisé, tend à faire descendre leur prix au-dessous de celui des pays voisins, et au-dessous de ce que, sans la restriction, le pays restreint pourrait les vendre dans ces pays. C'est jusque là, et jusque là seulement, qu'un pays peut gagner à restreindre le commerce d'un autre.

Il y a une manière de présenter ce sujet qui est propre à embarrasser un esprit peu au fait des difficultés de la science de l'économie politique.

Supposons deux pays, que nous désignerons par A et B, l'un desquels, A, est obligé, par traité ou autrement, de recevoir de B tous ses souliers, et de vendre à B tous ses sucres. Supposons aussi que, si A était libre, il pourrait obtenir les souliers d'un autre pays à 50 p. 100 meilleur marché ; dans ce cas, il peut paraître au premier coup d'œil que B obtient les sucres qu'il achète d'A avec une quantité de travail moindre de 50 p. 100, que si A avait la liberté d'acheter ses souliers de qui il lui plairait.

Si B payait les sucres avec des souliers, il les paierait certainement 50 p. 100 plus cher, dans le cas d'un commerce libre.

Mais s'il produisait quelque autre article avec lequel il pût acheter les sucres, et qu'il pût fournir à aussi bon marché qu'aucun autre pays, il ne perdrait rien, dans le cas d'un commerce libre ; il achèterait la même quantité de sucre qu'auparavant avec le produit de la même portion de travail ; seulement ce produit ne serait pas des souliers, mais quelque autre article.

Il y aurait des articles que B pourrait livrer à aussi bon marché qu'aucun autre pays : la chose est certaine, parce qu'autrement il ne pourrait avoir de commerce extérieur.

On peut objecter cependant que bien que B eût des articles qu'il pourrait vendre à aussi bon marché que les autres pays, ces articles pourraient bien n'être pas demandés dans le pays qui produit le sucre. Mais si c'était uniquement des souliers que demandât ce pays, avec les autres articles dont nous venons de parler on pourrait acheter des souliers là où ils sont le moins chers, et obtenir de la sorte la même quantité de sucre, dans le cas d'un commerce libre, que dans celui d'un commerce restreint.

CHAPITRE IV.

DE LA CONSOMMATION.

Des quatre ordres d'opérations qui forment le sujet de l'économie politique, savoir, la *production*, la *distribution*, l'*échange* et la *consommation*, les trois premiers sont des moyens. Personne ne produit uniquement pour produire. La distribution ne se fait pas non plus sans autre motif que de distribuer ; les choses sont distribuées et échangées pour quelque but.

Ce but est la *consommation*. Les choses sont produites pour être consommées, et la distribution et l'échange ne sont que des opérations intermédiaires propres à faire arriver les choses qui ont été produites entre les mains de ceux qui doivent les consommer.

SECTION Ire.

DE LA CONSOMMATION PRODUCTIVE ET DE LA CONSOMMATION IMPRODUCTIVE.

Il y a deux espèces de consommation, qu'il est d'une grande importance de ne pas confondre, et qui ont des propriétés distinctes :

1° La consommation productive, 2° la consommation improductive.

Pour que la production ait lieu, il faut une certaine dépense. Il est nécessaire que l'ouvrier soit entretenu, et qu'il soit pourvu de tous les outils qui conviennent à son travail, ainsi que de la matière de l'objet qu'il doit produire.

Ce qu'on dépense de la sorte dans le but de produire quelque chose est dit consommé productivement.

La consommation productive comprend trois classes de dépenses : la première se compose de l'entretien de l'ouvrier, terme sous lequel nous désignons tout ce que ses salaires le mettent à même de consommer, soit qu'ils le restreignent à ce qui est strictement nécessaire à la conservation de l'existence, soit qu'ils lui donnent le moyen de se procurer quelques jouissances. La seconde classe des choses consommées pour la production renferme les machines, y compris les outils de toutes sortes, ainsi que les bâtimens et même les animaux nécessaires pour les opérations productives. La troisième ne se compose que des matières brutes dont l'objet à produire doit être formé, ou bien d'où on doit le tirer ; telle est la semence qui doit produire le blé, le lin ou la laine dont la toile ou le drap doivent être formés, les drogues qui doivent servir à les teindre, et le charbon qui doit être consommé dans quelques-unes des opérations nécessaires à la production de ces objets.

De ces trois classes de choses, il n'y a que celles de la seconde qui ne soient pas consommées entièrement pendant le cours des opérations productives. Les machines et les bâtimens employés à la production peuvent durer plusieurs années ; mais les choses qui servent à l'entretien de l'ouvrier, et les matières premières, ou *secondaires* ★ de l'objet produit, sont toutes entièrement consommées. L'usure même des machines durables constitue une consommation partielle.

C'est ainsi que l'on consomme pour la production. On consomme aussi sans produire et sans dessein de produire. Les salaires qu'on donne à un laboureur sont donnés pour servir à la production ; les gages d'un laquais ne sont pas donnés pour servir à la production. Le lin que le manufacturier achète et convertit en toile est consommé productivement ; le vin qu'il achète, et qu'il boit à table, est un objet qu'il consomme improductivement. Ces exemples suffisent pour faire voir ce que nous entendons par consommation improductive. Toute consommation qui n'a pas lieu dans le but de produire, au moyen d'une chose, une autre chose qui puisse être équivalente, est une consommation improductive.

★ Par ce mot l'auteur désigne toutes les matières autres que celle qui forme le corps du produit, et qui ne servent qu'à lui communiquer quelque qualité particulière.

(Note du traducteur.)

Il suit de ces définitions que la consommation productive est elle-même un moyen ; c'est un moyen de production. La consommation improductive, au contraire, n'est pas un moyen ; cette espèce de consommation est une fin. Cette consommation, c'est-à-dire la jouissance qu'elle procure, est ce qui a servi de motif à toutes les opérations qui l'ont précédée.

Il suit encore des notions exposées plus haut que, par la consommation productive, rien n'est perdu ; il n'en résulte aucune diminution de richesse, ni pour l'individu ni pour la communauté ; car si une chose est détruite, elle se trouve remplacée par celle qu'elle a servi à produire. Le cas est tout-à-fait différent avec la consommation improductive. Tout ce que l'on consomme improductivement est perdu. Ce que l'on consomme de cette manière cause une diminution de richesse et pour l'individu et pour la communauté, parce qu'en conséquence de cette consommation rien absolument n'est produit. L'objet se détruit par l'usage ; et tout ce qu'on en retire, c'est le bien-être, la jouissance et la satisfaction qu'il procure.

Ce que l'on consomme productivement est

toujours capital. Ceci est une propriété de la consommation productive qui mérite d'être particulièrement remarquée. La vérité de cette proposition est manifeste. Un homme établit une manufacture de draps avec un certain capital; il emploie une portion de ce capital à payer des salaires, une autre à se procurer des machines et métiers, et avec ce qui lui reste il achète la matière première de son drap et les autres objets nécessaires pour le mettre en état d'être vendu. Il est clair que de cette manière la masse de tout le capital est livrée à la consommation productive. Il est également évident que tout ce qui est consommé productivement devient capital; car si le fabricant de drap dont nous avons vu que le capital est consommé productivement, pouvait économiser une portion de ses profits, et les employer aux différentes sortes de consommation productive qu'exige son industrie, cette portion de profits remplirait exactement les mêmes fonctions que son capital, et formerait en réalité une addition à ce capital.

La totalité de ce que les facultés productives du pays *créent* dans le cours d'une année * se

* Cette expression pourra être critiquée, car la nature

nomme le produit annuel brut. La plus grande
partie de ce produit est destinée à remplacer
le capital consommé, à rembourser au capitaliste ce qu'il a dépensé pour les salaires de ses
ouvriers et l'achat de ses matières premières,
et à l'indemniser pour l'*usure* de ses machines.
Ce qui reste du produit brut, après que le capital a été remplacé, se nomme le produit net,
et il se distribue toujours comme profit de
capital, ou comme loyers.

Ce produit net est le fonds duquel provient
communément toute addition au capital national. Si tout le produit net est consommé improductivement, le capital national reste le même,
il n'est diminué ni augmenté. Si l'on consomme
improductivement plus que le produit net, le
surplus est pris sur le capital, et le capital national se trouve diminué d'autant. Si l'on consomme improductivement moins que le produit
net, ce qui en reste est destiné à la consomma-

seule crée les objets, et ce qu'en économie politique l'on
appelle la production ne fait que les modifier de manière
à en rendre l'usage plus avantageux sous les rapports de
l'utilité ou de l'agrément, c'est-à-dire de manière à leur
donner de la valeur.

(Note du traducteur.)

16.

tion productive, et le capital national se trouve augmenté d'autant.

Quoiqu'on puisse se former ainsi une idée très-exacte des deux espèces de consommation et des deux espèces de travail qui de même prennent le nom de travail productif et de travail improductif, il n'est pas facile de tracer d'une manière précise la ligne de démarcation qui les sépare. Presque toutes nos classifications sont sujettes à cet inconvénient. Entre deux ordres de choses qui diffèrent le plus, il y a presque toujours un ordre intermédiaire qui les approche par degrés insensibles. Nous en voyons des exemples fréquens en histoire naturelle, où, bien que les genres soient parfaitement distincts, on trouve cependant des espèces intermédiaires qu'il est très-difficile de ranger dans l'un ou l'autre de deux genres consécutifs. C'est ainsi qu'il y a des consommateurs et des travailleurs qui sembleraient avec quelque raison pouvoir être rangés, soit dans la classe productive, soit dans la classe improductive. Nonobstant cette difficulté, il est absolument nécessaire, pour la commodité du langage, que la classification soit faite et la ligne de démarcation tracée d'une manière quelconque. Ceci

peut se faire avec une exactitude suffisante pour
la théorie et pour la pratique. Il est principalement nécessaire que les propriétés les plus importantes des objets classés soient distincte-
ment marquées dans la définition des classes.
Il n'est pas difficile, après cela, d'accorder,
dans la pratique, quelque chose pour les objets
qui se trouvent, pour ainsi dire, sur les confins
des deux classes, et qui participent en quelque
sorte aux propriétés de l'une et de l'autre.

SECTION II.

LE PRODUIT ANNUEL SE CONSOMME ANNUELLEMENT.

D'après ce que nous connaissons maintenant de la nature de la production et de la consommation, il est facile de voir que tout ce qu'on produit annuellement se consomme annuellement, ou que ce qui est produit dans une année est consommé dans le cours de l'année suivante.

Tout ce qui se produit appartient à quelqu'un, et est destiné par le possesseur à quelque usage. Il y a toutefois deux sortes d'usage : celui qui a pour but une jouissance immédiate, et celui dont on se promet un profit ultérieur. User pour obtenir un profit ultérieur, c'est consommer productivement ; user pour une jouissance immédiate, c'est consommer improductivement.

Nous venons de voir que ce dont on use pour

un profit ultérieur est dépensé aussitôt que possible en salaires, en machines et en matières premières. Comme il y aurait de la perte à amasser une plus grande provision qu'il n'est nécessaire, pour un usage immédiat, d'articles destinés à la consommation improductive, tous les articles de cette espèce, excepté quelques-uns dont la qualité gagne en vieillissant, sont toujours promptement consommés ou mis en consommation.

On prend d'ordinaire, en économie politique, une année pour la période d'une révolution de production et de consommation. Aucune période ne convient exactement pour cela. Quelques articles sont produits et consommés en moins d'une année ; pour d'autres, la révolution est plus grande qu'une année. Il est cependant nécessaire, pour la facilité du langage, qu'on choisisse une portion de temps qui soit censée comprendre une révolution entière de production et de consommation. L'année a paru la période la plus convenable. Elle répond à une grande classe de produits, ceux qui résultent de la culture de la terre. Quand on a obtenu des formules qui répondent exactement à cette classe de produits, il est aisé de les modifier dans la pratique, et de les adapter aux cas que présentent les marchandises dont la révolution de production et de consommation est plus ou moins prolongée que celle que nous avons prise pour terme de comparaison.

SECTION III.

LA CONSOMMATION S'ÉTEND A MESURE DE LA PRODUCTION.

Il suffit d'un petit nombre d'explications pour faire voir que cette proposition est un corollaire de celle établie dans la section précédente.

Un homme ne produit que parce qu'il désire avoir. Si l'objet qu'il produit est celui qu'il veut avoir, il cesse de travailler lorsqu'il en a produit autant qu'il veut en avoir, et sa provision est exactement proportionnée à ses besoins. Le sauvage qui fait son arc et ses flèches ne fait pas d'arcs et de flèches en plus grand nombre qu'il ne veut en avoir.

Lorsqu'un homme produit une plus grande quantité de certaine marchandise qu'il ne veut en avoir, il ne peut y être porté que par un seul motif, le désir d'avoir quelque autre objet qu'il puisse obtenir en échange du surplus de ce qu'il a produit. Il ne semble guère nécessaire de citer quelque chose à l'appui d'une proposition si évidente. Il ne serait pas conforme aux lois connues de la nature humaine de supposer qu'un homme voulût prendre la peine de produire une chose sans désirer d'en posséder une autre. Si un homme désire une chose, et en produit une autre, ce ne peut être que par la raison qu'il ne peut obtenir la chose qu'il désire qu'au moyen de celle qu'il produit, et qu'il l'obtient à meilleur marché que s'il s'était efforcé de la produire lui-même. Lorsque le travail a été considérablement divisé, et que chaque producteur se borne à produire une seule chose, ou certaine partie d'une chose, il n'y a qu'une petite portion de ce qu'il produit qui soit employée pour sa propre consommation; il destine le reste à lui donner le moyen d'acheter toutes les autres marchandises qu'il désire; et quand un homme se borne à la production d'une seule chose, et échange ce qu'il produit contre ce qui est produit par d'autres, on trouve que chacun obtient plus des diverses choses qu'il désire qu'il n'en eût obtenu s'il se fût efforcé de les produire lui-même.

Quand un homme consomme ce qu'il produit, il n'y a, à proprement parler, ni offre ni demande. Il est évident que la demande et l'offre sont des termes qui se rapportent aux échanges, et qui supposent un acheteur et un vendeur ; mais dans le cas où un homme produit pour lui-même, il n'y a pas d'échange. Il ne demande rien à acheter, et n'offre rien à vendre. Il possède un objet ; il l'a produit, et n'a pas l'intention de s'en défaire. Si nous appliquons, par une sorte de métaphore, les termes offre et demande à ce cas, il est bien entendu que la demande et l'offre sont exactement proportionnées l'une à l'autre. Quant à ce qui regarde l'offre et la demande d'objets à vendre, nous pouvons mettre tout à-fait hors de la question la portion du produit annuel que chaque producteur consomme sous la même forme qu'il produit ou qu'il la reçoit.

En parlant ici d'offre et de demande, il est évident que nous parlons en général. Quand nous disons d'une certaine nation, à une certaine époque, que son offre est égale à sa demande, nous ne disons pas que cela soit par rapport à une ou deux marchandises ; nous voulons dire que sa demande de toutes les marchandises prises en masse est égale à tout ce qu'elle peut offrir en marchandises de tout genre. Il peut très-bien arriver, nonobstant cette égalité de l'offre et de la demande prises en général, que l'on ait produit une ou plusieurs marchandises particulières en plus ou moins grande quantité que la demande de ces marchandises.

Deux choses sont nécessaires pour constituer une demande : le désir d'avoir une marchandise, et la possession d'un objet équivalent à donner en échange. Une demande signifie le désir et le moyen d'acheter. Si l'un ou l'autre manque, l'achat ne peut avoir lieu. La possession d'un objet équivalent est la base nécessaire de toute demande. C'est en vain qu'un homme désire quelques objets, s'il n'a rien à donner pour les obtenir. L'objet équivalent qu'un homme apporte est l'instrument de la demande. L'étendue de sa demande est mesurée par la valeur de cet objet. La demande et l'objet équivalent sont des termes qu'on peut substituer l'un à l'autre.

Nous avons déjà vu que tout homme qui produit désire posséder d'autres objets que celui à la production duquel il a concouru, et que l'étendue de ce désir est, si l'on peut s'exprimer ainsi, mesurée par tout ce qu'il a produit, et qu'il ne veut pas garder pour sa propre consommation. Il est évident aussi que ce qu'un homme a produit, et qu'il ne veut pas consommer lui-même, il peut le donner en échange pour d'autres objets. Sa volonté d'acheter et ses moyens de le faire sont donc égaux, ou, en d'autres termes, sa demande est exactement égale à la valeur de ce qu'il a produit, et qu'il ne veut pas consommer.

Il est évident que chaque homme apporte, à la masse générale des produits qui constituent l'offre, la totalité de ce qu'il a produit, et qu'il ne veut pas consommer. Sous quelque forme qu'une portion du produit annuel soit tombée entre les mains d'un homme, s'il se propose de n'en consommer rien lui-même, il veut se défaire du tout, et le tout vient, par conséquent, augmenter l'offre ; s'il en consomme une partie, il veut se défaire de tout le reste, et tout le reste entre dans l'offre.

Ainsi, puisque la demande de tout homme est égale à la portion du produit annuel, ou, autrement dit, à la portion de richesse dont il veut se défaire, et que l'offre de chaque homme est exactement la même chose, l'offre et la demande de tout individu sont nécessairement égales.

La demande et l'offre ont entre elles une relation particulière. Une denrée ou marchandise offerte est toujours en même temps l'objet d'une demande, et une denrée ou marchandise qui est l'objet d'une demande fait toujours en même temps partie de la masse générale des produits qui constituent l'offre. Toute denrée ou marchandise est toujours à la fois un objet de demande et un objet d'offre. Quand deux hommes font un échange, l'un ne vient pas pour faire seulement une offre, et l'autre pour faire seulement une demande ; chacun d'eux a une offre et une demande à faire : l'objet de son offre doit lui procurer celui de sa demande, et par conséquent sa demande et son offre sont parfaitement égales.

Mais si la demande et l'offre de tout individu sont toujours égales l'une à l'autre, la demande et l'offre de tous les individus d'une nation pris en masse doivent être égales. Quel que soit donc le montant du produit annuel, il ne peut jamais excéder celui de la demande annuelle. La totalité du produit annuel est divisée en un nombre de portions égal à celui des individus entre lesquels ce produit est distribué. La totalité de la demande est égale à la somme de ce que, sur toutes les parts, les possesseurs ne gardent pas pour leur propre consommation ; mais la totalité des parts est égale à tout le produit annuel. Donc la démonstration est complète.

Quelque complète que puisse paraître la démonstration de ce que nous venons d'énoncer, savoir que la demande et l'offre d'une nation doivent toujours être égales, et qu'elle ne peut jamais manquer d'un débouché suffisant pour la totalité de son produit annuel, cette proposition est rarement bien comprise, et quelquefois positivement contredite.

L'objection est fondée sur ce que des denrées ou marchandises se trouvent souvent en trop grande abondance par rapport à la demande.

Nous ne contesterons pas le point de fait. On verra néanmoins qu'il n'affecte en rien la vérité de la proposition qu'on l'emploie à combattre.

Quoiqu'on ne puisse nier que la demande ne soit égale à l'offre de la part de tout individu qui vient au marché pour faire un échange, il peut néanmoins arriver qu'il n'y trouve pas l'espèce d'acheteur dont il a besoin; il peut fort bien n'être venu personne qui désire l'objet qu'il veut échanger. Il n'en est pas moins rigoureusement vrai que sa demande était égale à son offre; car il désirait avoir quelque chose en échange de ce qu'il avait apporté. La chose n'est pas différente si l'on dit qu'il désirait de l'argent; car l'argent est lui-même une marchandise: et, d'ailleurs, personne ne désire de l'argent si ce n'est pour le dépenser en objets de consommation, soit productive, soit improductive.

La demande et l'offre de la part de tout individu étant égales entre elles, s'il se trouve au marché une denrée ou marchandise dont la quantité soit au-dessus de la demande, il doit s'en trouver quelque autre qui soit au-dessous.

Si les offres et les demandes individuelles sont égales, la demande et l'offre générales doivent toujours être égales. Supposons que, de ces deux quantités égales, l'une est divisée en un certain nombre de parties, et l'autre en autant de parties toutes égales entre elles et à leur partie correspondante ; qu'autant il y a de parties de demande pour du blé, autant il y ait de parties d'offre de cette denrée ; autant de parties de demande pour du drap, autant de parties d'offre de cette marchandise, etc. ; il est évident que, dans ce cas, il n'y aura de surabondance d'aucune chose, quel que soit le montant du produit annuel. Supposons ensuite que cette correspondance exacte d'une partie de la demande à une partie de l'offre soit troublée ; supposons, par exemple, que la demande du blé restant la même, l'offre du drap soit considérablement augmentée ; il y aura conséquemment surabondance de drap, parce que la demande de cette marchandise n'a pas augmenté : mais il doit y avoir nécessairement un déficit proportionnel d'autres choses ; car la quantité additionnelle de drap qu'on a faite n'a pu l'être que par un seul moyen, qu'en enlevant un capital à la production de quelques autres choses, et en diminuant de la sorte la quantité produite. Mais si la quantité de quelque article se trouve diminuée lorsque la demande pour une plus grande quantité subsiste, il y a un déficit de cet article. Il est donc impossible qu'il y ait jamais dans un pays un ou plusieurs articles en quantité supérieure à la demande sans qu'il y ait une ou plusieurs autres marchandises en quantité moindre que la demande.

Les effets qui résultent, dans la pratique, du défaut de correspondance entre les parties de la demande et de l'offre nous sont familiers. L'article dont il y a surabondance baisse de prix, celui dont il y a déficit hausse. C'est une fluctuation que tout le monde comprend suffisamment. La baisse dans le prix de l'article surabondant détourne bientôt, par la diminution des profits, une portion de capital de ce genre de production ; la hausse dans le prix de l'article devenu rare attire une portion de capital vers cette branche de production : ce mouvement a lieu jusqu'à ce que les profits soient égalisés, c'est-à-dire jusqu'à ce que la demande et l'offre correspondent l'une à l'autre.

Ce qu'on pourrait alléguer de plus fort en faveur de la supposition que le produit annuel peut augmenter plus rapidement que la consommation, serait le cas où, chacun ne consommant que des objets de première nécessité, tout le reste du produit annuel pourrait être épargné ; mais c'est un cas impossible , parce qu'il est incompatible avec les principes de la nature humaine. On peut toutefois en rechercher les conséquences , et l'on verra qu'elles servent à éclaircir les raisonnemens à l'aide desquels nous avons démontré l'égalité qui existe entre le produit et la demande.

Dans un cas semblable , ce qui est échu à chaque individu pour sa part du produit annuel, en outre de ce qu'il peut consommer en objets de première nécessité, serait employé à la production ; tout le capital national s'emploierait à produire des matières brutes et une petite quantité de marchandises communes, parce que ce seraient les seuls articles demandés. Comme ce que chaque individu a obtenu pour sa part du produit annuel, en outre de ce qu'il pouvait consommer , serait employé à la production , il serait dépensé en objets servant à la production de matières brutes et de quelques marchandises communes ; mais ces objets sont précisément des matières brutes et des marchandises communes eux-mêmes : la demande de chaque individu consisterait donc tout entière dans ces articles ; mais la totalité de l'offre consisterait aussi dans les mêmes articles ; et il a été prouvé que la demande totale et l'offre totale sont nécessairement égales, parce que l'excédant du produit annuel sur la consommation des copartageans est devenu objet de demande, et que la totalité de ce produit, avec la même déduction, est devenue objet d'offre.

Il paraît donc démontré, par une accumulation de preuves, que la production ne peut jamais augmenter trop rapidement par rapport à la demande. La production est la cause et la cause unique de la demande. Elle ne crée pas une offre sans créer une demande, toutes deux en même temps et toutes deux égales.

SECTION IV.

DE QUELLE MANIÈRE LE GOUVERNEMENT CONSOMME.

Toute consommation est le fait des individus ou du gouvernement. Ayant traité de la consommation faite par les individus, il ne nous reste plus à traiter que de celle qui a le gouvernement pour cause.

Quoique la consommation faite par le gouvernement, dans les limites où elle est réellement nécessaire, soit de la plus haute importance, elle ne contribue pas, excepté d'une maniere très-indirecte, à la production. Ce que le gouvernement consomme, au lieu d'être consommé comme capital, et remplacé par un produit, est consommé, et ne produit rien. Cette consommation est, à la vérité, la cause de la protection à l'abri de laquelle toute production a eu lieu ; mais si d'autres choses n'étaient pas consommées d'une manière différente de celle dont le gouvernement consomme, il n'y aurait point de produit. Ce sont des raisons pour ranger les dépenses du gouvernement parmi les divers genres de consommation improductive.

Le revenu du gouvernement doit se tirer des loyers ou rentes foncières, des profits du capital ou des salaires du travail.

Le gouvernement a, il est vrai, la possibilité de consommer une partie du capital national ; mais il ne le peut que pendant un an ou pendant un petit nombre d'années. Chaque année où il consomme une portion du capital, il réduit d'autant le produit annuel ; et s'il continue, il désole le pays. On ne peut donc pas regarder cela comme une source permanente de revenus.

Si le revenu du gouvernement doit toujours se tirer d'une ou plus des trois sources que nous venons d'indiquer, les rentes foncières, les profits et les salaires ; les seules questions à résoudre sont, de quelle manière et dans quelle proportion il doit se tirer de chacune.

La méthode directe est celle qui se présente d'abord à la pensée. Nous examinerons donc, 1° ce qu'il paraît y avoir de plus important dans le mode direct de tirer le revenu du gouvernement des rentes foncières, des profits et des salaires ; 2° les expédiens les plus remarquables qu'on a employés pour le tirer indirectement.

SECTION V.

DE LA TAXE SUR LES RENTES FONCIÈRES.

Il est suffisamment clair que la portion des rentes foncières qu'on peut prendre pour payer les dépenses du gouvernement, n'affecte pas l'industrie du pays. La culture de la terre dépend du capitaliste, qui se livre à cette occupation lorsqu'elle lui procure les profits ordinaires pour son capital. Il est tout à fait indifférent pour lui de payer le surplus sous forme de rente à un individu propriétaire du fond, ou sous forme de taxe à un collecteur du gouvernement.

En Europe, à une certaine époque, la plus grande partie des dépenses du souverain ou tout au moins ses dépenses ordinaires étaient *défrayées* * par les terres qu'il possédait en

---

* L'acception donnée ici et dans les phrases suivantes au verbe *défrayer* n'est pas conforme à celle que lui donne l'Académie ; mais comme il devient terme technique, la faute de grammaire disparaît.

(Note du Traducteur.)

qualité de propriétaire, tandis que les dépenses de ses opérations militaires étaient principalement défrayées par ses barons, à qui la propriété de certaines portions de terre avait été donnée à cette condition expresse. Dans ce temps, la totalité des dépenses du gouvernement était donc, à quelques légères exceptions près, défrayées par les rentes foncières.

Dans les principales monarchies de l'Asie, presque toutes les dépenses de l'état ont, dans tous les siècles, été défrayées par les revenus de la terre, mais d'une manière un peu différente. Les terres étaient possédées par les cultivateurs et par petites portions en général, avec un titre perpétuel et transférable, mais avec l'obligation de payer annuellement ce que demanderait le gouvernement ; demande qui pouvait être augmentée suivant le bon plaisir du souverain, et qui s'élevait rarement à moins que la totalité de ce qui chez nous aurait formé le loyer ou la rente foncière.

Si un peuple entier émigrait pour aller habiter un pays nouveau où la terre ne fût pas encore devenue propriété privée, il y aurait une raison pour regarder la portion du produit annuel, qui ailleurs constituerait la rente foncière, comme devant spécialement subvenir aux dépenses du gouvernement ; savoir que, par ce moyen, l'industrie ne souffrirait pas la plus petite gêne, et qu'il serait pourvu aux dépenses du gouvernement sans faire peser de charges sur aucun individu. Les possesseurs d'un capital en recueilleraient tous les profits ; les ouvriers recevraient leurs salaires sans aucune déduction, et chaque individu emploierait son capital de la manière qui serait réellement la plus avantageuse, sans être obligé, par le pernicieux effet d'une taxe, de le détourner d'une direction où il était très-productif à la nation pour lui en faire prendre une où il le serait moins. Il y a donc un avantage particulier à faire, des revenus de la terre, c'est-à-dire de la rente foncière, un fond pour subvenir aux besoins de l'état.

Il y aurait, à la vérité, cet inconvénient, même dans l'état de choses où la terre ne serait pas encore devenue propriété privée, que les revenus de la terre, dans un pays d'une certaine étendue, et passablement peuplé, excéderaient le montant de ce que le gouvernement aurait besoin de dépenser ; le surplus devrait incontestablement être distribué parmi le peuple de la manière qui paraîtrait la plus propre à contribuer à son bonheur ; et il n'y en a peut-être pas qui puissent aussi bien remplir ce but que de rendre la terre propriété privée. Comme il n'y a pas de difficulté à rendre la terre propriété privée en rendant ses revenus passibles d'une portion des charges publiques, il semble qu'il ne doit point y en avoir à rendre la terre propriété privée en rendant ses revenus passibles de toutes les charges publiques. Il faudrait seulement, dans ce cas, une plus grande portion de terre pour former une propriété de la même valeur. L'usage en apprendrait la valeur aussi exactement que dans les circonstances présentes ; et il est évident que les affaires de la société marcheraient sans éprouver de gêne sous tout autre rapport.

Quoi qu'il en soit, là où la terre a été convertie en propriété privée sans rendre la rente foncière spécialement passible des charges publiques, où elle a été achetée et vendue dans cette condition, et où les espérances et les calculs des individus ont été basés sur cet état de choses, on ne pourrait sans injustice prendre la rente foncière seule pour subvenir aux besoins du gouvernement. Ce serait établir l'impôt d'une manière partiale et inégale, faire porter les charges de l'état à une classe d'individus et en exempter le reste. C'est donc une mesure à laquelle ne devra jamais penser un gouvernement qui voudra se conduire d'après les principes de justice.

Cette rente que l'on achète et l'on vend, sur laquelle les espérances des individus sont basées, et qui, par conséquent, doit être exempte de toute taxe particulière, est la rente foncière actuelle, ou du moins cette rente avec quelque faible perspective d'amélioration. Les spéculations d'un homme, lorsqu'il fait un achat ou s'occupe à pourvoir sa famille, ne sauraient aller au delà de ce point. Supposons maintenant que, dans ces circonstances, il soit au pouvoir de la législature, par un acte émané d'elle, et toutes choses d'ailleurs restant dans la même situation, de doubler le produit net des terres. Il n'y aurait pas de raison en point de justice pour que la législature n'en profitât pas, et il y

en aurait beaucoup, sous le rapport de la convenance, pour qu'elle profitât de ce pouvoir
en faveur de l'état, pour qu'elle appliquât autant qu'il serait nécessaire de ce nouveau
fond à couvrir les dépenses du gouvernement,
et qu'elle exemptât les citoyens de toute autre
charge pour cet objet. Une telle mesure ne
ferait point de tort au propriétaire foncier.
Sa rente, telle qu'il en a joui, et en grande
partie même telle qu'il pouvait espérer d'en
jouir par l'effet de quelque amélioration, resterait la même. Il résulterait en même temps
un très-grand avantage, pour chaque individu
de la communauté, de l'exemption des con-
tributions qu'autrement il eût dû fournir pour
les dépenses du gouvernement.

La législature possède en réalité ce pouvoir,
dont nous n'avons parlé que comme d'une
fiction : par toutes les mesures qui augmentent
la population et par conséquent la demande
de subsistance, la législature augmente aussi
positivement le produit net des terres que si
elle le faisait par un acte miraculeux. Qu'elle
fasse par gradation, dans le cas réel, ce
qu'elle ferait par une opération immédiate
dans le cas imaginaire, cela n'apporte nulle

différence dans le résultat. La rente primitive qui appartenait au propriétaire foncier, sur laquelle il a basé son achat, s'il a acheté son fond de terre, et sur laquelle seule, s'il a des enfans à pourvoir, il pourrait baser ses arrangemens en leur faveur, peut aisément se distinguer de toute augmentation susceptible d'être faite au produit net des terres, soit qu'elle résulte d'une action lente ou d'une opération subite. Si toute augmentation fruit d'une opération subite peut être appropriée aux besoins de l'état, on ne saurait assigner de raison pour que celle qui résulte d'une action lente ne le fût pas également.

Il est certain qu'à mesure que la population augmente, et que le capital est appliqué à la terre d'une manière de moins en moins productive, une portion de plus en plus grande du produit net des terres d'un pays entre dans ce qui constitue la rente foncière, tandis que les profits du capital décroissent proportionnellement. Cette augmentation continuelle de la rente foncière, provenant des circonstances qui sont le fait de la communauté, et non le fait particulier des propriétaires, semble former un fond non moins propre à appliquer d'une manière spéciale aux besoins de l'état, que le revenu de la terre dans un pays où elle n'a jamais été propriété privée. Lorsque la rente primitive du propriétaire foncier, celle sur laquelle seule il peut baser tous ses arrangemens pour lui-même et pour sa famille, est garantie de toute charge particulière, il n'a pas le droit de se plaindre de ce qu'une nouvelle source de revenu qui ne lui coûte rien soit appropriée au service de l'état ; et si la chose est vraie, il est évidemment indifférent que cette nouvelle source de revenu soit tirée de la terre ou de toute autre part.

SECTION VI.

D'UNE TAXE SUR LES PROFITS.

Une taxe directe sur les profits de capital ne présente aucune question tant soit peu difficile à résoudre. Elle tomberait entièrement sur les capitalistes et ne pourrait être transportée sur aucune autre portion de la communauté.

Comme tous les capitalistes seraient également frappés par cette taxe, il n'y aurait pas de motif pour qu'un homme qui s'occuperait d'une certaine espèce de production transférât son capital à une autre. S'il payait une certaine portion des profits qu'il tirait de l'espèce de production à laquelle il se livrait, il paierait une égale portion de toute autre à laquelle il jugerait à propos de se livrer. Il n'y aurait donc, en conséquence d'une taxe semblable, aucun transfert de capitaux d'une espèce d'industrie à une autre. Les denrées et marchandises seraient produites en même espèce et quantité, si la demande restait la même pour chacune. Il est aussi immédiatement évident qu'il y aurait la même somme de demandes partielles. On suppose que le même capital est employé à la production ; dans ce cas, si, sur ce qui revient au capitaliste, on lui enlevait une portion pour la donner au gouvernement, on diminuerait d'autant ses moyens d'acheter mais on augmenterait d'autant ceux du gouvernement.

Il y aurait donc la même demande et la même offre, il y aurait aussi la même quantité de monnaie, et par conséquent la valeur de toutes choses resterait la même.

———

SECTION VII.

L'EFFET d'une taxe directe sur les salaires présente une question plus compliquée que la précédente.

Si les salaires haussaient, la taxe ne tomberait pas sur l'ouvrier ; si les salaires ne haussaient pas du tout, ou ne haussaient pas du montant de la taxe, elle tomberait en tout ou en partie sur l'ouvrier.

Dans la supposition où les salaires ne hausseraient pas en conséquence de la taxe, chaque capitaliste aurait le moyen d'employer le même nombre d'ouvriers qu'auparavant. Les salaires étant les mêmes et le fond du capitaliste aussi, la masse d'ouvrage demeurerait la même.

Si, dans ces circonstances, nous supposions

qu'on obtînt subitement un nouveau fond propre à fournir du travail sans que le nombre des ouvriers eût augmenté, il est évident que les salaires hausseraient ; il y aurait une nouvelle classe d'hommes cherchant des ouvriers, et cette concurrence augmenterait le prix du travail, pour lequel la demande se serait ainsi accrue plus rapidement que l'offre.

Il est évident que, dans les circonstances que nous avons supposées, un fond nouveau propre à fournir du travail serait créé. Tout le montant de la taxe sur le travail passerait dans les mains du gouvernement. Les taxes qui passent dans les mains du gouvernement fournissent du travail de la même manière que le revenu d'un individu ou d'une classe d'individus. On les dépense, soit en salaires d'ouvrage, soit en achat de marchandises qui ont été le produit du travail.

Mais si le fond du capitaliste pour fournir du travail restait le même, et si un nouveau fond propre au même emploi se trouvait placé à la disposition du gouvernement, il s'ensuivrait nécessairement que les salaires hausseraient.

On peut donc demander quelle serait l'étendue de cette hausse. La réponse n'est pas difficile : quand un nouveau fond est destiné à fournir du travail, sans que le nombre des ouvriers ait augmenté, les salaires doivent augmenter de tout le montant de ce fond nouveau. On suppose que les anciens fonds sont toujours employés à fournir du travail, et que le fond nouveau leur est ajouté. Le nombre des ouvriers est le même ; ils se partagent tous les anciens fonds et le nouveau en plus. Leurs salaires pris en masse ont donc exactement augmenté de tout le montant du fond ajouté aux fonds anciens. Mais, dans le cas d'une taxe levée sur les salaires, le nouveau fond est exactement du même montant que la taxe. Les salaires haussent ainsi, en conséquence d'une taxe, d'une quotité égale à celle de la taxe. Une taxe semblable ne tombe donc pas sur l'ouvrier.

Si cette taxe ne tombe pas sur l'ouvrier, la première question à faire est de demander sur qui elle tombe. Nous avons déjà vu qu'une hausse dans le taux des salaires est toujours suivie d'une diminution des profits de capital, par la raison que le capitaliste et l'ouvrier partagent entre eux le produit du travail et du capital ; si la part de l'un augmente , celle de l'autre diminue exactement de la même quantité. Une taxe sur les salaires tombe donc sur les capitalistes et est la même chose qu'une taxe égale sur les profits de capital.

Il y a toutefois certains cas où le résultat serait différent. Si la taxe levée sur les salaires , au lieu d'être dépensée par le gouvernement dans le pays , était payée régulièrement , sous forme de tribut ou autrement, à un pays étranger , les salaires ne hausseraient pas , parce que , dans ce cas , le fond mis à la disposition du gouvernement ne serait pas destiné à fournir du travail dans le pays.

Il y a certaines taxes directes qui sont destinées à atteindre également toutes les sources de revenus : telles sont les taxes proportionnelles*, les péages et la taxe dite des revenus. Après tout ce qui a été exposé , il n'est pas difficile de voir sur qui , dans chaque cas particulier , tombe le poids de ces taxes. Lorsqu'elles

* *Assessed taxes.*

sont payées par l'homme dont le revenu provient d'une rente foncière, ou par celui qui tire les siens des profits de capital, le fardeau en est supporté par leurs classes respectives. L'un ne peut élever le loyer de la terre ni l'autre le prix de ses marchandises en conséquence de la taxe. Aucun accroissement de demande ne dérive de la taxe. Mais si quelque portion de cette taxe est payée par l'ouvrier, le résultat est différent. Si les salaires n'augmentent pas, la demande de son travail augmentera. Les fonds des capitalistes seraient tous employés à fournir du travail, comme auparavant ; et ce que les ouvriers paient sous forme de taxe devient un nouveau fond dans les mains du gouvernement.

Il est facile de reconnaître l'effet de ces taxes sur les prix en général. Une taxe sur la rente foncière ne produirait d'altération dans le prix d'aucune chose. Cette rente est l'effet du prix des denrées, et l'effet ne peut agir sur la cause. On a déjà vu qu'une taxe sur les profits de capital n'altère pas les prix. La taxe sur les salaires présente deux cas : celui où elle fait hausser les salaires, et celui où elle ne les fait pas hausser. Dans ce dernier cas , on ne supposera guère qu'une hausse dans les prix puisse s'ensuivre.

Le capital national n'est pas supposé avoir éprouvé d'altération , ni par conséquent le produit annuel. Quant à la demande , une portion des moyens d'acheter que possédaient les ouvriers leur a été enlevée ; mais elle a été transférée au gouvernement. A la vérité, on suppose, dans ce cas , que le gouvernement envoie à l'étranger le montant de la taxe. Si nous supposions pourtant qu'il l'envoyât en marchandises , il est évident qu'alors il ne s'ensuivrait aucune diminution dans les prix ; mais s'il l'envoie en métaux précieux , le cas , à la longue , devient le même ; car comme le vide que cet envoi de métaux laisse sur la place doit être rempli , il faut qu'on exporte des marchandises pour acheter le métal qui manque. L'exportation des métaux précieux , si elle diminue la quantité de monnaie , produira une baisse momentanée dans les prix ; mais ceci produirait le même effet dans toute autre occasion.

Dans le cas où les salaires haussent, on peut voir également que le capital et le produit annuel demeurent les mêmes, le montant de la demande et de l'offre le même, et la valeur de la monnaie la même. La masse des prix, l'un étant compensé par l'autre, demeure donc la même ; mais le changement qui s'opère dans la valeur relative de certaines sortes de marchandises, chaque fois que les salaires haussent et que les profits de capital diminuent, a nécessairement lieu dans cette occasion. Les articles dont la production est due en grande partie au capital fixe, et qui n'exigent pas un grand paiement de salaires, baissent de prix comparativement à ceux dans la production desquels le travail est le principal instrument, et qui exigent peu ou point de capital fixe. La compensation toutefois est complète ; car, lorsque l'une des deux espèces d'articles baisse de prix, l'autre hausse proportionnellement , et les prix de l'une et de l'autre , pris en masse, ou le prix moyen entre les deux, restent les mêmes.

SECTION VIII.

LES taxes sur les marchandises peuvent porter sur certaines marchandises en particulier, ou sur toutes les marchandises en général.

Lorsqu'une taxe est imposée sur une espèce particulière de marchandises, et non sur les autres, celles de l'espèce taxée haussent de prix, c'est-à-dire que leur valeur échangeable augmente, et le marchand ou le fabricant est remboursé de ce qu'il a avancé pour payer la taxe. S'il n'était pas remboursé, il ne resterait pas au niveau des autres producteurs, et il cesserait son commerce ou sa fabrication. Comme la taxe est, dans ce cas, ajoutée aux prix des marchandises , elle tombe entièrement sur le consommateur.

Lorsqu'une taxe proportionnée à leur valeur est imposée sur toutes les marchandises en général, il y a cette différence que la valeur échangeable d'aucune d'entre elles n'augmente comparativement à celle des autres. Si une *yard* de drap, par exemple, est égale en valeur à quatre *yards* de toile, et si l'on met un droit de 10 pour 100 de leur valeur sur chacune de ces marchandises, une *yard* de drap vaudra toujours autant que quatre *yards* de toile.

Un droit *ad valorem* sur toutes les marchandises aurait pour effet de faire hausser tous les prix.

Chacun viendrait au marché avec la même quantité de monnaie qu'auparavant. Un dixième de cette monnaie, à mesure qu'elle arriverait dans les mains des producteurs, passerait au gouvernement; mais il serait immédiatement dépensé en achats, soit par le gouvernement lui-même, soit par ceux auxquels le gouvernement l'aurait distribué. Cette portion de monnaie viendrait donc entre les mains des producteurs une fois de plus, après l'établissement de la taxe, qu'auparavant. Avant l'établissement de la taxe , elle venait une fois des mains des acheteurs dans celles des producteurs, et y restait. La taxe imposée , elle viendrait de la même manière entre les mains des producteurs ; mais elle n'y resterait pas , elle passerait de leurs mains dans celles du gouvernement pour leur revenir une seconde fois.

De cette manière , non-seulement les producteurs recevraient pour leurs produits les dix dixièmes ou le total de la monnaie du pays, comme auparavant, mais ils en recevraient un dixième deux fois , tandis qu'ils ne le recevaient qu'une. C'est absolument la même chose que s'ils en avaient reçu onze dixièmes, ou que si la quantité de monnaie du pays avait augmenté d'un dixième. Par là , la faculté d'acheter est donc diminuée d'un dixième, ou, en d'autres termes, le prix des marchandises a haussé d'un dixième.

On voit bien clairement sur qui tomberait la taxe dans ce cas. Les acheteurs viendraient au marché avec la même quantité de monnaie qu'auparavant ; mais le pouvoir d'acheter serait réduit d'un dixième pour cette monnaie , et les acheteurs ne pourraient se procurer que les neuf dixièmes des marchandises qu'ils achetaient auparavant : la taxe tomberait donc sur les acheteurs.

SECTION IX.

D'UNE TAXE SUR LES PRODUITS DE LA TERRE.

UNE taxe sur les produits de la terre, une taxe sur le blé, par exemple, élèverait le prix du blé, comme celui de toute autre denrée ou marchandise. Cette taxe ne tomberait donc ni sur le propriétaire foncier ni sur le fermier, mais sur le consommateur. Le fermier est dans la situation de tout autre capitaliste ou producteur ; et nous avons suffisamment fait voir de quelle manière la taxe sur les marchandises est transférée de celui qui produit à celui qui consomme.

Le propriétaire foncier est également exempté de l'effet de cette taxe. Nous avons déjà vu qu'il y a une portion du capital employé à la culture de la terre qui ne rend tout juste que les profits ordinaires du capital. Le prix de la denrée produite doit suffire pour assurer ces profits ; autrement, le capital serait retiré. Si l'on impose une taxe sur le produit de la terre , et si on la fait payer au cultivateur , il s'ensuit que le prix de ce produit doit hausser suffisamment pour couvrir la taxe. Si la taxe est à 10 p. 100, ou à tout autre taux , sur le prix de vente , le blé doit hausser de prix d'un dixième, ou dans toute autre proportion correspondant au taux de la taxe.

Dans ce cas, il est aisé de voir qu'aucune partie de la taxe ne tombe sur le propriétaire. La chose est la même que si le dixième du produit était payé en nature. Dans cet état de choses, il est évident que le propriétaire recevrait un dixième de moins que sa part primitive ; mais, comme ce qu'il recevrait hausserait d'un dixième en valeur , il y aurait compensation. Sa rente , quoique différente pour la quantité des produits, serait la même que la valeur.

Si, au lieu d'une taxe en argent variant suivant le prix du blé , c'était un droit fixe de tant par *quarter* récolté , la rente du propriétaire serait toujours la même en monnaie. Supposons que la terre ou le capital qui , ainsi qu'on l'a expliqué plus haut, ne paient pas de rente foncière, produisent en tout deux *quarters* de blé, et que celle qui paie une rente en produise six; quatre *quarters* seront, dans ce cas, la part du propriétaire. Supposons que la taxe soit d'une livre sterling par *quarter*, le prix du blé doit hausser d'une livre sterling par *quarter*. Le fermier, avant l'établissement de la taxe, payait au propriétaire le prix de quatre *quarters*; la taxe établie, il lui paie le prix de quatre *quarters*, en déduisant une livre sterling par *quarter* pour la taxe qu'il a payée; mais le prix du blé a haussé d'une livre sterling par *quarter*, le fermier paie donc au propriétaire la même somme qu'auparavant.

SECTION X.

Les dîmes sont une taxe sur le produit de la terre ; c'est le dixième de ce produit exactement ou inexactement perçu.

L'effet de cette taxe a donc déjà été reconnu. Elle élève le prix des denrées, et tombe entièrement sur le consommateur.

Si la taxe des pauvres était levée, à proportion des profits, sur les fermiers, les manufacturiers et les marchands, ce serait une taxe sur les profits. Si elle était levée à proportion des revenus des fonds de terre, ce serait une taxe sur les rentes foncières. Si elle était levée sur le loyer des maisons, elle tomberait sur ceux qui les habitent, et serait une taxe sur les revenus. D'après le mode suivant lequel la taxe pour les pauvres est levée, elle est tirée par portions de toutes ces sources. Si elle tombe d'une manière disproportionnée sur les profits d'une certaine classe de capitalistes, cette classe reçoit une indemnité. Si les fermiers, comme on le suppose ordinairement, paient plus pour l'entretien des pauvres que les autres producteurs, c'est la même chose que si l'on avait frappé les fermiers d'une taxe additionnelle et particulière à leur classe. Mais nous avons déjà vu que, lorsqu'on établit une taxe sur les fermiers, elle a pour effet immédiat d'élever suffisamment le prix du grain pour les indemniser de la taxe qu'ils paient.

Une taxe sur les instrumens de production est la même chose qu'une taxe sur les produits. Une taxe sur les chevaux de labourage, par exemple, augmente les dépenses de production du fermier ; de même qu'une taxe sur les matières premières augmenterait les dépenses de production du manufacturier. Ces deux taxes doivent élever le prix des produits, et par conséquent tomber sur le consommateur.

Toutes les taxes qui élèvent le prix du blé produisent un effet remarquable. Une certaine quantité de blé est nécessaire pour la subsistance de l'ouvrier ; il faut que ses salaires soient assez élevés pour le mettre en état d'acheter cette quantité de blé. Les salaires doivent donc hausser à mesure que le prix du blé augmente. Mais nous avons déjà vu qu'à mesure que les salaires haussent, les profits décroissent. Une taxe sur le blé tomberait donc sur tous les hommes en général, comme consommateurs. Elle pèse sur les capitalistes de deux manières ; savoir, comme taxe sur les consommateurs en général, et comme taxe sur leurs profits particuliers.

SECTION XI.

D'UNE TAXE PAR ACRE DE TERRE.

Nous avons déjà examiné de quelle manière opérerait une taxe imposée sur la terre, soit proportionnellement à la rente foncière, soit proportionnellement au produit. Dans le premier cas, elle serait supportée par le propriétaire foncier ; dans le second, par le consommateur. On peut aussi imposer une taxe sur la terre à raison de tant par *acre*.

L'effet de cette taxe serait très-différent, si on la levait sur les terrains cultivés seulement, ou sur toute espèce de terrains, cultivés ou non cultivés.

Si on la levait indistinctement sur les terrains cultivés et non cultivés, elle n'élèverait pas le prix des produits, et pèserait en totalité sur le propriétaire foncier. Si on ne la levait que sur les terrains cultivés, elle ferait hausser le prix des produits, pèserait en entier sur les consommateurs, et augmenterait les revenus des propriétaires fonciers.

Nous avons vu qu'il y a une portion de capital appliqué à la culture des terres qui rend tout juste de quoi payer les profits ordinaires du capital, et rien de plus. Si l'on ajoute quelque chose aux frais de production, une hausse dans les prix doit procurer une indemnité. Si l'on n'ajoute rien à ces frais, les prix ne seront pas altérés.

Si l'on établit une taxe à tant par *acre* sur les terrains cultivés et non cultivés, on n'aura rien ajouté aux frais de production. Il y a deux cas où des portions de capital sont appliquées à la culture de la terre, sans rendre plus que les profits ordinaires du capital, par conséquent sans payer de rente foncière : l'un est celui où, après que deux ou un plus grand nombre de portions du capital ont été appliquées à la terre, chacune rendant moins que la précédente, on y en applique de nouvelles portions ; l'autre, celui où, après que les terres du second ou du troisième degré de fertilité ont été épuisées , on applique la culture à des terres d'une qualité inférieure.

Dans le premier de ces cas, on voit tout de suite qu'une taxe par *acre* n'affecte pas les frais de production sur les portions de capital ultérieurement employées. Quand la première portion est appliquée, la taxe est payée ; il est donc de l'intérêt du fermier d'en appliquer une seconde , aussitôt que le prix des produits a suffisamment haussé pour lui procurer ses profits de capital et rien de plus. Il n'y a rien à ajouter à la taxe qui est déjà payée.

La conclusion est la même quand on applique le capital à une terre neuve de qualité inférieure. Dans ce cas, si la taxe a été payée préalablement, le propriétaire a intérêt à cultiver cette terre , du moment que le prix du produit hausse suffisamment pour rendre les profits du capital que la culture peut exiger.

Le cas toutefois est différent quand la taxe n'est levée que sur les terrains cultivés. Lorsque le capital descend des terres les plus fertiles qui ont été cultivées auparavant , à d'autres moins fertiles qu'on n'a pas encore cultivées, une taxe commence alors à être payée. Les produits qu'on récoltera doivent rembourser non-seulement les profits ordinaires du capital, mais encore la taxe ; une terre de cette espèce ne sera pas cultivée tant que le prix des produits ne sera pas élevé assez pour qu'elle rende de quoi rembourser ces deux sommes. La taxe est donc comprise dans les prix.

La conséquence, à l'égard du propriétaire, est avantageuse. Supposons que la terre du troisième degré de fertilité soit la dernière à laquelle la culture soit descendue ; qu'une terre de cette qualité produise deux *quarters* de blé par *acre*, la terre d'un degré supérieur de fertilité quatre *quarters*, et la terre du premier degré de fertilité six *quarters*. Dans ce cas il est évident que deux *quarters* par *acre* produisent de quoi payer la taxe et rembourser le fermier de son capital avec profits. Le propriétaire peut donc tirer deux *quarters* par *acre* de la terre de seconde qualité, et quatre de celle de la première qualité. Il tire cette quantité de produits, dans les deux cas également, c'est-à-dire qu'on lève ou qu'on ne lève pas la taxe en question ; mais dans le cas de la

taxe les prix haussent et chacun de ses *quarters* de blé est d'une plus grande valeur. Une
taxe de ce genre enlèverait donc aux consommateurs tant par *acre* pour le gouvernement, mais beaucoup plus encore au profit
des propriétaires.

———

SECTION XII.

DES TAXES SUR LES MUTATIONS DE PROPRIÉTÉ.

LES taxes sur les mutations de propriété sont de plusieurs sortes : comme les droits de timbre sur les achats et les ventes, les droits sur les legs, ceux sur les actes requis pour la transmission des propriétés, et d'autres de la même nature.

Dans le cas de toute propriété qui est le produit du travail et du capital, la taxe sur les achats et les ventes tombe sur l'acheteur, parce que les frais de production, y compris les profits de capital, doivent se rembourser en même temps que la taxe.

La taxe sur le transfert d'une propriété foncière, qui est une source de production et non le produit du travail et du capital, tombe sur le vendeur, parce que l'acheteur considère quel bénéfice il pourra tirer de son capital en l'employant d'une autre manière ; et si la terre ne lui offre pas l'équivalent, il refuse d'échanger son capital contre de la terre.

Les droits de legs et de donations tombent évidemment sur ceux qui les reçoivent.

—

SECTION XIII.

DES FRAIS DE JUSTICE.

Les taxes sur les procédures devant les tribunaux sont levées principalement sous forme de frais de timbre des divers actes employés dans les affaires judiciaires, et sous celle de rétributions pour les divers incidens de la procédure.

Il est assez évident que ces frais tombent sur les plaideurs. Il est également évident qu'ils forment une taxe sur le recours à justice.

Le recours à justice a lieu dans deux cas : ou lorsqu'on peut y mettre en doute à laquelle de deux personnes appartient certain droit, ou quand le droit de quelque personne a été violé, et qu'on demande une réparation.

Il n'est pas très-convenable de taxer un

homme parce qu'il a un droit qui malheu-
reusement est contesté ; mais c'est la plus
grande de toutes les inconvenances que de
taxer un homme parce qu'il a souffert une
injustice.

Il est très-évident que toutes les taxes de
ce genre sont un obstacle pour obtenir la réparation d'un tort ; et tout ce qui empêche
la réparation d'un tort favorise l'injustice.
Une taxe sur la justice est donc une prime accordée à l'injustice.

SECTION XIV.

DES TAXES SUR LA MONNAIE ET LES MÉTAUX PRÉCIEUX.

UNE taxe sur la monnaie ne peut être commodément levée que lors de sa fabrication, ou lors du premier achat des métaux. On pourrait la lever sur les métaux, soit à leur importation des pays étrangers, soit à leur sortie des mines, si elles existent dans le pays.

Une taxe sur la fabrication de la monnaie est la même chose, en résultat, que ce que nous avons appelé *seigneuriage*.* Elle consiste à payer, pour obtenir la monnaie, quelque chose de plus que la valeur du métal dont elle est composée.

L'effet de cette espèce de taxe est évident quand il n'y a que de la monnaie métallique en circulation. Personne ne portera de mé-

* Voyez page 139.

taux à l'hôtel des monnaies à moins que le métal contenu dans la monnaie n'ait plus de valeur que le métal en lingot, au moins du montant de la taxe. Le cours hausse alors, c'est-à-dire que le métal à l'état de monnaie s'élève en valeur d'une quantité égale au montant de la taxe.

Cette taxe a la propriété particulière de ne tomber sur personne. Elle ne tombe pas sur l'homme qui porte du métal pour être frappé, parce qu'il ne le fait que lorsque les espèces qu'il reçoit en échange sont d'une valeur égale à celle du métal et au montant de la taxe réunis. Elle ne tombe pas sur les personnes à qui les espèces sont données comme instrument d'échange, parce que, pour ces personnes, les espèces ont la même valeur que si elles contenaient tout le métal pour lequel on pourrait les échanger.

C'est donc une taxe qui devrait toujours être portée aussi loin que sa limite particulière peut le permettre. Cette limite est le cas où la taxe a assez diminué la valeur réelle de la monnaie pour encourager la fabrication clandestine. Si la taxe est élevée assez haut pour indemniser le monnayeur clandestin de ses dépenses et du risque d'être découvert, la fabrication clandestine aura lieu.

Dans un pays où le papier-monnaie circule concurremment avec la monnaie métallique, le papier tend à prévenir les effets du *seigneuriage*.

Il est de l'intérêt de ceux qui émettent du papier d'en maintenir dans la circulation une aussi grande quantité que possible. Ils peuvent augmenter cette quantité jusqu'à ce qu'il devienne de l'intérêt des porteurs de leur rapporter leurs billets pour avoir du numéraire.

Il n'est de l'intérêt des porteurs de billets de les rapporter à la banque pour avoir du numéraire que dans le cas où il y a du profit à le fondre. Les espèces comme monnaie ne valent pas plus que le papier, tant qu'elles circulent au pair avec lui; mais si le papier a été émis en trop grande quantité, le cours peut baisser assez pour que le métal contenu dans la monnaie ait plus de valeur en lingot que monnayé. La fonte qui a lieu pour obtenir le profit résultant de cette différence est le seul frein qu'on puisse apporter à la trop grande émission d'un papier-monnaie remboursable en argent à la volonté du porteur.

Il est très-évident que si la monnaie est émise avec un *seigneuriage* tel que le métal qu'elle contient ait plus de valeur que le métal en lingot, elle ne pourra conserver cette valeur que si la quantité en circulation est limitée. Quand on émet du papier sans restriction, cette limite n'existe plus. Le papier émis augmente la quantité de monnaie en circulation, jusqu'à ce que la monnaie métallique soit réduite d'abord à la même valeur que le métal en lingot et ensuite à une valeur moindre. A ce point, il devient de l'intérêt des porteurs de billets de demander des espèces à la banque pour les fondre ; et il est de l'intérêt des banquiers d'arrêter l'émission de leurs billets.

On peut toutefois adopter un expédient très-simple et très-efficace pour empêcher cet effet que produit le papier-monnaie. C'est d'obliger la banque à rembourser ses billets soit en espèces, soit en lingots au choix des porteurs. Supposons qu'une once d'or monnayé ait une valeur nominale de trois livres sterling, dont il faut déduire un *seigneuriage* de cinq pour cent, et que la banque soit obligée de payer, à la demande des porteurs de ses billets, non-seulement trois livres sterling en monnaie, mais une once d'or en lingot, si on le préfère; il est évident que, dans ce cas, la banque a intérêt à empêcher le cours de baisser. Si le cours est assez haut pour que trois livres sterling d'une monnaie quelconque, métallique ou non, égalent en valeur une once d'or, la banque ne perd rien à l'obligation de donner une once d'or pour trois livres sterling en billets. Si le cours est assez bas pour que trois livres sterling d'une monnaie quelconque ne vaillent pas une once d'or, la banque perd. On peut donc faire, par ce moyen, que le frein à l'émission du papier agisse plus tôt.

Une taxe sur les métaux précieux, au moment de l'importation ou de l'extraction de la mine, tomberait sur les consommateurs, si les métaux étaient destinés à la fabrication d'objets de luxe et d'ornemens; elle ne tomberait sur personne si les métaux devaient être employés sous forme de monnaie.

Cette taxe augmenterait la valeur échangeable du métal ; mais une petite quantité d'un métal très-précieux n'est pas moins commode comme instrument d'échange , qu'une plus grande quantité d'un métal moins précieux. Il serait donc à propos de tirer autant que possible de cette source. Cependant la facilité de porter et de cacher une marchandise qui contient une grande valeur sous un petit volume , fait qu'on ne tirerait pas beaucoup de cette source. Avec un droit même très-modique , l'importation illicite serait inévitable.

Quoiqu'une taxe sur les métaux précieux, soit à l'importation , soit à l'extraction de la mine , dût , de même que toute autre taxe sur un article particulier, tomber définitivement sur le consommateur , cela n'aurait pas lieu immédiatement. Ce qui met les producteurs à même , lorsqu'on établit une taxe sur quelque marchandise , d'en rejeter le poids sur les consommateurs , c'est la faculté qu'ils ont d'en élever le prix en diminuant l'offre. Pour la plupart des marchandises, la quantité mise en usage est promptement consommée. La fourniture annuelle forme donc une fraction considérable de la quantité mise en usage, et si cette fourniture manque en totalité ou seulement en partie, les prix haussent considérablement. Le cas est différent avec les métaux précieux ; si l'approvisionnement annuel vient à manquer totalement, il n'y aura pas de quelque temps une diminution considérable dans la quantité en usage. Cette circonstance aura donc peu d'effet sur les prix. Pendant ce temps les vendeurs de métaux ne sont pas indemnisés ; pendant ce temps la taxe tombe plus ou moins sur eux.

La même observation s'applique aux maisons et à tous les autres objets dont la quantité en usage est grande à proportion de l'augmentation annuelle.

SECTION XV.

DES EFFETS DE LA TAXATION SUR LA VALEUR DE LA MONNAIE ET L'EMPLOI DU CAPITAL.

LE capital est employé de la manière la plus avantageuse, quand on ne fait usage d'aucun moyen pour le détourner d'un emploi vers un autre. Il est employé de la manière la plus avantageuse, quand il suit la direction que l'intérêt des possesseurs lui donnerait librement.

Supposons que le drap vaille en Angleterre vingt shillings par *yard;* que la toile faite en Angleterre vaille trois shillings : et qu'en Allemagne la toile ne vaille que deux shillings, et le drap fabriqué dans ce pays vingt-quatre shillings par *yard.*

Il est très-évident que, dans ces circonstances, il serait de l'intérêt de l'Angleterre d'employer son travail à faire du drap pour l'Allemagne, au lieu de faire de la toile pour son propre usage, et qu'il serait de l'intérêt de l'Allemagne de faire de la toile pour l'Angleterre, au lieu de faire du drap pour son propre usage.

En Angleterre, la même quantité de travail qui produit une *yard* de drap ne produirait que sept *yards* de toile, tandis qu'en Allemagne une *yard* de ce drap vaudrait douze *yards* de toile. En exportant son drap pour l'échanger contre de la toile, l'Angleterre gagnerait dans toute la différence entre sept *yards* et douze *yards* de toile.

Si, dans ces circonstances, on établissait en Angleterre une taxe sur le drap, qui en élevât le prix à vingt-quatre shillings, qu'en résulterait-il ?

En premier lieu, il est évident qu'on n'exporterait pas de drap pour l'Allemagne. Le prix de la toile serait néanmoins assez bas en Allemagne, pour que cette toile fût importée en Angleterre. Ce serait avec de l'argent et non avec du drap qu'on la paierait ; l'argent deviendrait donc comparativement rare en Angleterre , et les prix tomberaient; l'argent deviendrait comparativement commun en Allemagne, et les prix hausseraient. La toile deviendrait trop chère pour qu'on l'importât en Angleterre , à moins qu'en même temps , et par l'effet de l'accroissement de valeur de la monnaie , quelque autre marchandise n'eût assez baissé de prix pour qu'on pût l'exporter. Dans le premier cas , l'Angleterre , par une taxe sur ses draps serait privée de l'avantage d'obtenir à bon marché de la toile d'Allemagne , et obligée de la fabriquer elle-même. Dans l'autre cas , elle serait forcée d'exporter , en échange de la toile , quelque autre marchandise que , par supposition , elle produirait à plus grands frais que la première.

De cette manière , il est évident que , par l'effet d'une taxe imposée sur les draps , le peuple d'Angleterre perdrait , non-seulement en payant cette taxe , mais encore en étant obligé de payer plus cher pour se procurer de la toile.

L'effet de cette taxe sur les prix serait d'élever la valeur en monnaie du drap d'une certaine quantité quoique inférieure au montant de la taxe, et d'abaisser la valeur de toutes les autres marchandises : elle n'élèverait pas, du moins d'une manière permanente, le prix du drap d'une quantité égale au montant de la taxe, parce qu'elle ferait sortir du pays une portion du numéraire ; elle abaisserait le prix de toutes les autres marchandises, parce que cette exportation de numéraire en augmenterait la valeur.

Si, en même temps qu'on imposait une taxe sur le drap, une déduction du montant de cette taxe eût été accordée sur les droits d'exportation, il n'y aurait eu aucune altération dans le commerce avec l'Allemagne ; le drap anglais eût été importé dans ce pays et la toile de ce pays importée en Angleterre aux mêmes conditions qu'auparavant. Le peuple anglais aurait porté le poids de la taxe, mais n'aurait éprouvé aucun autre dommage ; il n'y aurait eu aucun transit de métaux précieux ; le prix du drap aurait haussé en Angleterre ; mais celui de toutes les autres marchandises serait resté le même.

Quand même on n'accorderait pas la déduction dont nous venons de parler , les taxes n'ont pas une tendance nécessaire à diminuer le commerce extérieur. Quoique l'Angleterre , comme dans le cas supposé , se trouvât gênée par la taxe dans l'exportation de son drap , elle pourrait bientôt par l'effet du transit de métaux précieux être à même d'exporter quelque autre marchandise. Il est facile de voir que le raisonnement employé dans ce cas s'applique à tous les autres. Un pays fortement imposé peut tout autant exporter que s'il n'était pas imposé du tout. Cependant si l'on ne prend pas soin , et rarement on le prend , de compenser les droits établis par de contre-droits et des *draw-backs*, il n'exporte pas avec le même avantage.

Il y a deux cas où la valeur en monnaie des marchandises peut-être augmentée par la taxation : celui où les marchandises sont taxées isolément, comme le drap dans l'exemple que nous venons de citer ; et celui où toutes les marchandises sont taxées par des droits *ad valorem.*

Dans aucun de ces deux cas le haut prix des marchandises , ou , en d'autres termes, la diminution dans la valeur échangeable de la monnaie, n'a de tendance à faire sortir l'argent du pays.

Dans l'exemple cité plus haut, le drap seul se trouvait avoir haussé de prix par l'effet de la taxe ; la valeur échangeable de la monnaie n'avait donc diminué que par rapport au drap ; mais la monnaie ne pouvait avec quelque avantage sortir du pays pour aller acheter du drap, puisque cette marchandise, à l'importation, aurait eu à payer la taxe.

Un droit *ad valorem*, bien qu'il élève, de la manière qui a été expliquée, le prix de toutes les marchandises, et diminue la valeur échangeable de la monnaie, n'a pas non plus de tendance à faire sortir l'argent du pays. Supposons ce droit de dix pour cent, et que la valeur échangeable de la monnaie soit tombée d'autant au-dessous de celle de la monnaie dans les pays voisins : il n'y aurait aucun profit pour le marchand à envoyer son argent acheter à l'étranger dix pour cent de plus de marchandises, s'il était obligé de payer dix pour cent de leur valeur à l'importation. Il paraît donc démontré que le prix des mar-

chandises , dans un pays , peut être élevé par
la taxation à quelque degré que ce soit au-
dessus de leur prix dans les autres pays, si
des *draw-backs* et des contre-droits habilement calculés sont établis à l'exportation et à
l'importation.

FIN.

TABLE DES MATIÈRES.

INTRODUCTION.

Exposition, étendue et division du sujet........ Page 1

CHAPITRE Ier.

Production. 7

CHAPITRE II.

De la distribution. 13
SECTION Ire. Du loyer des terres, autrement dit rente
    foncière. 15
SECTION II. Des salaires. 32
    § Ier. Le taux des salaires dépend de la proportion
        entre la population et l'emploi qu'elle peut se
        procurer, ou en d'autres termes entre la popula-
        tion et les capitaux 34
    § II. Preuve de la tendance de la population à s'ac-
        croître rapidement. 40
    § III. Preuve d'une moindre tendance des capitaux
        à s'accroître rapidement. 46
    § IV. Les moyens qu'on emploierait pour forcer

les capitaux à augmenter plus vite qu'ils n'ont de tendance naturelle à le faire, ne produiraient pas d'effets avantageux. 57

SECTION III. Des profits de capital. 73

CHAPITRE III.

Des échanges. 85

SECTION Ire. De l'espèce d'avantage provenant de l'échange des produits, et des principaux agens qu'on y emploie. . . . . *ibid.*

SECTION II. De ce qui détermine la valeur échangeable des produits, c'est-à-dire la quantité à donner d'un produit quelconque en échange d'une certaine quantité d'un autre produit. 88

SECTION III. De l'effet produit sur les valeurs échangeables par une fluctuation dans le taux des salaires et des profits. 100

SECTION IV. Des circonstances où il est de l'intérêt des nations d'échanger leurs produits. 112

SECTION V. Les articles importés sont la source des bénéfices qu'on retire du commerce extérieur. 120

SECTION VI. De l'avantage d'employer un article particulier comme intermédiaire des échanges. 124

SECTION VII. De ce qui règle la valeur de la monnaie. 128

SECTION VIII. De ce qui règle la quantité de monnaie. 134

SECTION IX. Des signes représentatifs de la monnaie. . 141

SECTION X. Des avantages qu'on retire de l'usage du papier-monnaie. 146

SECTION XI. Des inconvéniens auxquels est sujet l'usage du papier-monnaie. 149

SECTION XII. La valeur des métaux précieux détermine si un pays doit exporter ou importer.. 175

SECTION XIII. La valeur des métaux précieux (ou du moyen d'échange) qui détermine l'exportation, n'est pas la même dans tous les pays. 177

SECTION XIV. De la manière dont les métaux servant de moyen d'échange, se distribuent parmi les diverses nations du globe. 181

SECTION XV. Des transactions pécuniaires entre les nations. — Des lettres de change. 188

SECTION XVI. Des primes et des prohibitions. 211

SECTION XVII. Des colonies. 225

CHAPITRE IV.

De la consommation. 237

SECTION Ire. De la consommation productive et de la consommation improductive. 238

SECTION II. Le produit annuel se consomme annuellement. 246

SECTION III. La consommation s'étend à mesure de la production. 249

SECTION IV. De quelle manière le gouvernement consomme. 261

SECTION V. De la taxe sur les rentes foncières. 264

SECTION VI. D'une taxe sur les profits. 272

SECTION VII. D'une taxe sur les salaires. 274

SECTION VIII. Des taxes sur les marchandises, soit sur certaines marchandises en particulier, soit sur toutes les marchandises en général. 281

SECTION IX. D'une taxe sur les produits de la terre. . 285

SECTION X. Des dîmes et de la taxe pour les pauvres. . 288
SECTION XI. D'une taxe par acre de terre. 291
SECTION XII. Des taxes sur les mutations de propriété. 295
SECTION XIII. Des frais de justice. 297
SECTION XIV. Des taxes sur la monnaie et les métaux
    précieux. 299
SECTION XV. Des effets de la taxation sur la valeur de la
    monnaie et l'emploi du capital. 307

FIN DE LA TABLE.

De l'Imprimerie de L.-T. CELLOT, rue du Colombier, nᵒ 3o.